獻給我們的雙親靄和喬貝·楊（Ed and Jo Beth Young）及艾力和寶娜·亞當斯（Alex and Paula Adams）——感謝你們帶領我們得到主的救贖，向我們展示與神同行的價值。

真　善　美　叢　書

戀愛靈旅

給戀人的靈修書

賓・楊、撒母耳・亞當斯 著
明朗兒　譯

基道出版社

▼

真善美叢書

戀愛靈旅

給戀人的靈修書

Devotions for Dating Couples

Building a Foundation for Spiritual Intimacy

作者
賓．楊 Ben Young
撒母耳．亞當斯 Dr. Samuel Adams

譯者
明朗兒

責任編輯
羅慧琪

裝幀設計
奇文雲海．設計顧問

■

出版／發行
基道出版社
香港沙田火炭坳背灣街 26 號富騰工業中心 10 樓 1011 室
LOGOS PUBLISHERS
Unit 1011, 10/F, Fo Tan Ind. Centre, 26 Au Pui Wan St., Shatin, Hong Kong
電話：(852) 2687-0331　傳真：(852) 2687-0281
網址：https://www.logos.com.hk

承印
嘉昱有限公司

●

7/2007 初版
Cat. No. LP755A
ISBN: 978-962-457-333-6
Originally published in English under the title
Devotions for Dating Couples:
building a foundation for spiritual intimacy
by Thomas Nelson, Inc.

刷次	16	15	14	13	12	11	10	9	8	7
年份	2033	2032	2031	2030	2029	2028	2027	2026	2025	2024

目　錄

導　言　vii

第一週　愛　1

第二週　恩典　23

第三週　禱告　45

第四週　神的話語　67

第五週　生活從簡　89

第六週　饒恕　111

第七週　羣體生活　133

第八週　貞潔　155

第九週　聖靈　177

導言

你可有停下來細想，自己把多少時間、精力、情緒用於外在的自我——生命的外層？想一想。你生命中的絕大部分是為外在的事物而耗費——掙錢、飲食、運動、娛樂、購物、睡眠及其他活動。如此的投入專注是合理的，也是日常生活中所必須的。可是，相比之下，你細想自己投放過多少注意力於內在的生命。你實際上用多少時間滋養你的靈？你與神的關係是最優先的嗎？若是的話，這本靈修小品可引導你更持續主動與這位創造者，就是神，建立關係。

《戀愛靈旅——給戀人的靈修書》是為鼓勵你看看裏面的自己，更用心專注於內在生命。最要緊的是，當中的材料能促進及豐富你的靈命及與神的個人關係。沒有其他事情比與神發展更深入的交往過程更需我們盡力的了。本書會在你的屬靈旅程上引導你。

還有，本書是幫助認真約會的（或已訂婚的）伴侶建立靈裏親密的根基，以宣揚廝守終生的婚姻。我們深信，在一段真正的心靈同伴的關係中，其精髓是深層的屬靈相交。可惜，太多人只顧找同伴或玩伴，而不是找真正心靈同伴。惟有達到靈裏一致的穩固程度，以與神的關係為婚姻核心的共識，才能獲得這種真正的心靈同伴關係。只要你找到一個伴侶，是有可能與自己發展真正的心靈同伴關係的，那麼你們可以開始為日後建立的靈裏親密打下根基了。

本書是給發展長期關係、計劃結婚的情侶的材料，基本上不是給一般約會或剛開始交往的情侶閱讀的。事實上，在一段兩性關係有機會更自然地發展之前，便開始發展靈裏親密，這未免是操之過急了。因此我們要提醒你必須小心，謹記犯上急進的危險。我們在著作《戀愛十誡》(*The Ten Commandments of Dating*)中告誡情侶們要慢慢發展二人的關係，讓自然的感情隨著時間培養出來。我們提供七項緩慢交往的策略，其中一項是在二人關係有機會在其他方面成長發展前，有需要避免一起禱告。這項原則的精神是，我們建議，靈裏親密應該留待彼此委身的情侶在關係發展的後期，或預備結婚的時候才開始。

主旨簡述

希望你會發覺這本書容易使用，可以幫助你探索信仰上的核心問題。我們無意提出艱澀的神學難題使你感到困惑，也不會提及瑣碎或無必要的宗教律法主義——它們只會使人對真正的靈修感到費解。我們集中在靈性的基本層面：基督徒的美德和實踐愛、恩典、禱告、讀經、簡樸、饒恕、羣體生活、貞潔、活在聖靈大能中。

在豐富而有所得著的靈命發展過程中的一個重要部分，是需要你在神面前和專心一意。這不是說為神「做」更多事情，而是要你與祂同「在」。我們讓自己有空間與神聯繫，聆聽聖靈的低語，或以獨處及只是容讓自己安靜而認識神，我們騰出生命的一些空間給神。惟有挪開在繁亂生活中叫人分散心神的事物，我們才可以讓神更新我們的生命和各樣關係，好叫這一切均合乎祂的心意。

使用方法

這本靈修書是給讀者在九個星期內每天使用的。每星期集中研讀某一基本的操練題目或範圍。平日五天（星期一至五）挑戰你獨自與神同行，所以你應該單獨完成這部分。每天靈修後，還有供進一步默想的指定經文。基督教的默想操練是關於反省及專注於某一項個別的題目。東方宗教的冥想鼓勵人倒空思想，而基督教的默想操練卻是鼓勵你讓心思意念充滿神，然後用一些時間來反省或深思自己從神所領受的一切。這樣做可讓你重新留心神的原則與真理。

當然，我們也希望你在這九個星期裏虔誠禱告，以配合你的閱讀和讀經。每個週末前我們提供了一篇禱文。我們認為有結構的內容對於禱告時刻是十分有幫助的。請隨意使用禱告札記。除此之外，請在空白的地方寫下、記錄你的想法和向神發出的禱告。

星期六是留給你與你的伴侶回答問題，及分享過去一週領受的體悟。我們盼望這樣會激勵你們就基督教信仰中的最重要範疇，進行有意義的討論。謹記本書的最終目的是促進你們作為個人或情侶與神建立的關係。我們祈求神使用本書來鞭策你們成長，又祝福你們有嶄新而深刻的理解，也鼓勵你們與神相交更深。

星期日提供機會給你和你的伴侶一同出席教會崇拜。我們深信，與其他信徒一起讚美敬拜神，是一種極能增強靈裏融合的方法。還有，出席教會聚會讓我們更能夠彼此分享神的教導。我們預備了一頁給你寫下當日的講道或信息的筆記，以及一些往後可討論的相關領悟。

我們肯定神是毫不間斷力求與你有更緊密的關係，為此，神是不會難找的。畢德生（Eugene Peterson）在其自譯的聖經*The Message*中說的最好：「從零開始，〔神〕把全人類和大地造成互相兼容的，在我們的生活中有許多時間與空間，叫我們可以尋求神，不用在黑暗中摸索，而是實在找到祂。祂不與我們玩捉迷藏的遊戲。祂並非遙不可及，祂是近在咫尺。」你看，神總是張開雙臂等候你，祂渴望與你相交更深。所以，來吧，讓我們鼓勵你在靈程路上，向與永在的神建立更深的關係進發。

第一週

人不顯示愛，就非相愛。

——莎士比亞（William Shakespeare）

我們要在愛中成長，為此我們必須繼續愛完又愛，付出又付出，直至受傷——如同耶穌所做的。以不凡的愛做平凡的事情。

——德蘭修女（Mother Teresa）

愛，絕不是你期望得到甚麼，而是你預期付出甚麼。

——無名氏

星期一

真　愛

不是我們愛神，乃是神愛我們，差他的兒子為我們的罪作了挽回祭，這就是愛了。……神愛我們的心，我們也知道也信。神就是愛；住在愛裏面的，就是住在神裏面，神也住在他裏面。

——約翰一書四章10、16節

你記得是甚麼時候墮進愛河嗎？第一眼便看上對方？第一次拖手？想到「對方就是那位嗎」？世上很少東西（大多是不當的）可跟那迷人的經驗媲美。讓我們面對事實。浪漫愛情的感覺使人全然陶醉。記得最初跟太太茱莉（Julie）接觸的時候，我想：「甚麼也比不上這樣好！」

你可知道？我是大錯特錯了。嗯，當然，那熱烈的愛情是美好的（如今仍是）。激情與浪漫確實是愛人的正當方式，在聯繫兩性的過程中也十分重要。但是，熱烈的愛情只是讓人稍嘗更好的事情。它向我們指出更高層次的愛、一份真愛。不管你是否相信，有一種愛比世上的所有浪漫愛情，來得更深、更強、更真——這就是神的愛。

神不僅是愛的始創者與設計師；祂也是我們稱為愛的本體。祂是真愛的純全體現（Embodiment）。所以，我們要去愛與被愛，便先得以祂為出發點，而這是理所當然的。首次聽起來（尤其對男性而言）可能覺得有點怪，可你是否知道，神其實是希望與我們每一位建立愛情呢？事實上，你是否曉得，人心底最嚮往的是與神建立愛的關係呢？柯提斯（Brent Curtis）與艾傑奇（John Eldredge）在他們的著作《永恆之戀》（*The Sacred Romance*）提出：「這份嚮往是人格中最有力量的部分。它推動我們去追尋意義、整全和真正的存活感。無論我們怎樣形容這心底的渴望，對於我們自己本身、心靈深處與對生命的熱愛，它都是最重要的東西。」一切人際關係均不可以填補內心的空虛。擁有物質也決不能滿足這份嚮往。只有藉著與神建立不變的愛的關係，我們才可以經歷圓滿整全的真實感覺。

神透過耶穌基督給你的愛是無條件的。明白到祂的愛不附帶任何限制，也沒有隱藏的計劃或別有用心的動機，令人精神起來。神的愛是穩定而持久的，不像世間的愛那樣，充其量是短暫即逝的。神的愛是完美的，充分滿足你對於接納、價值或價值觀的需要。最重要，神的愛是永恆長存的。保羅在羅馬書八章38至39節寫到：「因為我深信無論是死，是生，是天使，是掌權的，是有能的，是現在的事，是將來的事，是高處的，是低處的，是別的受造之物，都不能叫我們與神的愛隔絕；這愛是在我們的主基督耶穌裏的。」

你認識神的愛有多少？你能不能誠實說出，親身經歷了從神而來的真愛？如果你已經與神有這份愛的關係，那麼，現在去感謝這份惟有從祂而來的愛，並且省察這份真愛的永恆性。若你還未認識這一份愛，從今開始渴慕藉著耶穌基督與神建立愛的關係，展開你人生中最偉大的浪漫之愛。

● 進深默想經文

· 約翰福音十五章9至10節

· 約翰一書三章1、16節

· 約翰一書四章7至21節

用自己的言語來總結這天關於愛的靈修重點，在以下空白位置寫下你的想法、感覺或領受：

神啊，感謝祢，祢給我的愛是永恆的、無條件的。求祢教導我完全經歷到這份真愛，好讓我努力向周圍的人傳揚祢的愛，阿們。

星期二

居首的愛

「你要盡心、盡性、盡意、盡力愛主——你的神。」其次就是說：「要愛人如己。」再沒有比這兩條誡命更大的了。

——馬可福音十二章30至31節

我們坐在座席後排想著自己的事情，突然一對剛訂婚的男女信徒走近前來，正正坐在我們的前面咯咯地笑，互向對方細訴無聊的甜言蜜語。這對兩忘情意裏的肢體親密得像連體雙胞胎那樣，看來也不會放開對方的手了。更糟糕的是，我們不是在戲院或演唱會裏面。我們不得不在教會裏見證這公然親熱的不當表現！

在這美妙的崇拜裏，其他會眾藉著音樂和詩歌來讚美神，我卻被眼前發生的諷刺事情騷擾。這對年輕男女互相被迷住，錯失了生命中最有意義的、最重要的愛的經驗——讚美敬拜他們的神。從另一角度來說，他們被二人之間的個人「崇拜」吸引。他們正在崇拜對方，而不是創造主。我剛要告訴他們別再這樣的時候，他們便起身離開崇拜聚會。喲！讓我們認真面對吧。做每件事情都總有適當的時間和場合，而那卻絕不是。

愛，確實是從神開始的。祂是啟動者，而我們惟一能夠真正去愛的方法，便是先接受祂的愛（我們愛，因為神先愛我們）。我們一旦接受祂賜予的愛，必須向神回報那份愛——然後愛其他人，是非常自然的流露。祂配得我們最多的奉獻及最深的敬拜。我們受造有一種內置的渴望，去崇拜一些事或一些人。

問題是：你如何導向這份對崇拜的渴望呢？不管你是否留意到，你任何時候也是在奉獻給一些事物或某人。你的思想、說話和行動揭示了你的內心。神希望你完全奉獻給祂、先愛祂，一生也是如此行。

思想神在申命記五章7節說的：「除了我以外，你不可有別的神。」這是你要領受的權威喔！當有人問耶穌甚麼是最大的誡命時，主明確指出，我們的愛慕之情是首先屬於神的。那麼，你崇拜誰呢？也許正在約會或已經訂婚的男女信徒面對的最大誘惑，是崇拜對方或甚至愛情本身的傾向。可別會錯意，記得我以前也有躲在「後座」崇拜伴侶的日子。你們享受神祝福的伴侶和關係，這本是美好的，不過你不可把任何人或物提升至超越神的位置。就像藝術傑作為我們指向創作它的藝術家，同樣，一切美好的愛的關係也應該引領我們愛神更深。

當你確立神是你最優先的選擇、根本的焦點，即居首的愛，那麼，你正處於最佳位置去愛別人了。你想成為理想情人嗎？你想提高在這世上愛人的能力嗎？若是想的話，確保神就是你居首的愛。

● **進深默想經文**

- 路加福音七章36至50節
- 羅馬書八章31至39節
- 以弗所書一章3至8節

用自己的言語來總結這天關於愛的靈修重點，在以下空白位置寫下你的想法、感覺或領受：

主啊，求祢使我能夠在一切以先，把思想、焦點定睛在祢的身上。神啊，懇請祢使用我，成為祢愛的器皿，阿們。

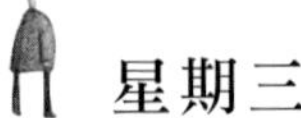

星期三

讓愛活存

神啊，我的心切慕你，如鹿切慕溪水。我的心渴想神，就是永生神；我幾時得朝見神呢？

——詩篇四十二篇1至2節

很多人來到我的辦公室，向我諮詢人際關係的意見時，他們會跟我分享這簡單的期望：「我希望有一段不用費勁來維繫的關係，我不想太花工夫！」他們真讓我嘖嘖稱奇。每個人都想得到親密的友誼，卻並非每個人也願意去培養、維繫這種關係。容我一語道破：親密的關係不會「應運而生」，而且絕不是自給自足的。按其本質而言，任何健康的、活潑的、親密的友誼是需要我們用上工夫，恆常聯繫，以及花上優質時間來相處的。這也應用於建立浪漫關係、深交的友誼，及甚至與家人的關係。

友情對我來說是珍貴的，我努力培養密切的關係，與每個朋友好好聯繫，把不少時間、精力、情感投入到每段關係裏。

我定期致電問候密友，明確表示他們對我是多麼重要；我會約他們一起吃午飯、看球賽；我聆聽他們、鼓勵他們，為他們代禱；我依靠他們，經常尋求他們的支持。你可知道，他們也是如此待我。這是我們保持友誼永固之道。「維繫友情」是必須的，也是我致力去做的。沒有這些過程，我們的友誼火光最終只會一閃即滅。

保持與神的愛活潑長存也是一樣，這種關係不是必然地自動永久保存的。它要求我們用心努力和稍作安排。我們為了成功維繫與神的關係而必須籌劃，如同刻意衷心安排與地上伴侶共處的時光。我們要找機會遠離日常生活的煩囂，這需要對成長與堅固靈性是不可或缺的。

讓我再次說清楚。撥出時間與神在寧靜中獨處，是健康的屬靈生命裏不可妥協的部分。神不在吃晚飯、看電影、深宵到公園散步的時候以肉身出現。因此，你一定要藉著祈禱、默想、反省、獨處和讀經來維持這段特別的關係。在屬靈上如此努力投入，靈性火燄將會更盛，也可保持你與神之間的愛活存。

你怎樣安排與神相遇、與祂親密地分享的次數？你是否只是打算在主日崇拜或基督教假期中才這樣做？希望你不是這樣。你必須透過每天如常的過程，才得以維持靈性火燄燃點下去。想一想大衞王，一位滿有恩賜的詩人，經常於黎明早起與神相遇（耶和華啊，早晨你必聽我的聲音；早晨我必向你陳明我的心意，並要警醒！〔詩五3〕）。

也許想想你們的愛情，你們總是一心要找時間相處。如果每次與朋友相見，都認為彼此毫不重要，你們的友誼會如何呢？如果只是每兩三個星期才偶然隨便找朋友聚會，這又會如何呢？聽我說，最終會如何：友情不再。你們的關係結果告吹。

你怎樣評價自己與神的關係？有甚麼攔阻你定期與神聯繫呢？有甚麼方法（屬靈的活動）有助你培養與神的親密相交呢？與神相處的時間是靈性健康的必需品。你必須以此為優先考慮的事。

● 進深默想經文

· 馬太福音二十二章36至39節

· 歌羅西書三章12至15節

· 以弗所書五章1至2節

用自己的言語來總結這天關於愛的靈修重點，在以下空白位置寫下你的想法、感覺或領受：

天父啊，我渴望每天尋求祢，求祢激勵我去培養我們的關係，保持這靈性火燄繼續燃燒，阿們。

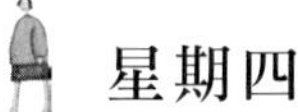

星期四

行動中的愛

不是我們愛神，乃是神愛我們，差他的兒子為我們的罪作了挽回祭，這就是愛了。親愛的弟兄啊，神既是這樣愛我們，我們也當彼此相愛。……神就住在我們裏面，愛他的心在我們裏面得以完全了。

——約翰一書四章10至12節

試想像一下，你與好朋友到科羅拉多洛磯山脈（Colorado Rockies）某處爬山探險。在某段路程，你失腳了，只靠一根手指懸空掛在冷冰的兩百多尺高崖，情況岌岌可危（姑且如此誇張）。你向朋友人叫求救。

但是他沒有下來救你。這位登山密友卻雄辯滔滔、嘮嘮叨叨地描述他對你的愛。他甚至開始經歷到一切奇妙而被祝福的感覺，這些感覺是關於他有多麼愛你，並在你墮崖身亡後多麼想念你云云。他稍稍側耳、咬咬嘴唇，這樣說：「我是多麼愛你，現在我只是被這份愛的感受掩蓋得無法自已。」

你會說那是愛嗎？當然不會！你好肯定不會說那是愛——

可以說，那是殘酷、冷漠或憎恨。事實上，愛不止於感受，我們卻經常把愛定義為朦朧的情感或深情的言語。愛，原是透過行動來彰顯的。愛是你的實際行動。

詩人、哲學家、神學家為了釐定精確的定義而努力揭開愛的奧祕。相信他們說過不少關於愛的聰明見解了。不過，要明白最純全樣式的愛，我們必須歸回到愛的始創者。

神是愛。祂決定透過在人類歷史中最激動人心的行動來展示這愛——愛的終極流露——基督在十字架上的死亡。兩千年前基督在粗糙的十字架上犧牲，沒有任何事件比這愛的典範更偉大。最冷酷的心卻不會為這激動人心的表彰而感動。由此，我們認識和欣賞到真愛的基本特點。

第一，這犧牲顯示出愛是行動。真愛不僅僅是思想、感覺或沒有表達的說話，它本身是透過行動來彰顯的。神藉著差遣祂的兒子來展示祂的愛。這些就是行動的言詞。真愛是登山伙伴冒死伸手救你直到安全的地方後才展示出來的。那才是真正的愛喔！

第二，真愛是需要犧牲的。它包括無私奉獻的一些元素，為了別人把自己的需要擱在一旁。神為世界的罪付上代價而放棄惟一的兒子，其實祂也放棄了祂自己的一部分。

第三，愛的真正樣式是教人轉變的。真愛有叫別人生命改變，使之更好的潛能。憑著真愛去接觸別人，使人有機會成長、改變和成熟。回看我們的終極典範，神愛我們，賜下兒子給我們。當你接受並相信這份愛的恩典，結果改變了；你得著

新的生命，與神的關係復和，有權得到叫基督死而復活的大能。你正經歷從裏而外的改變過程。

真愛就是如此。祈求神幫助你自己，以那無私的、真正樣式的愛來愛別人。我們向你發出挑戰，先從親密的關係，尤其是與你約會的伴侶開始。顯露一種尋找他／她裏面的至高美善的愛。請記住，愛是動詞，快行動吧！

● 進深默想經文

· 約翰福音十四章21至24節

· 約翰一書四章7至21節

· 約翰一書五章2至3節

用自己的言語來總結這天關於愛的靈修重點，在以下空白位置寫下你的想法、感覺或領受：

主啊，感謝祢藉著差遣兒子來彰顯祢的愛，感謝主示範了這份犧牲的愛。求祢幫助我也向自己的伴侶展示這一種愛，阿們。

星期五

愛的源頭

你們若常在我裏面，我的話也常在你們裏面，凡你們所願意的，祈求，就給你們成就。你們多結果子，我父就因此得榮耀，你們也就是我的門徒了。

——約翰福音十五章7至8節

新婚的幾年，記得我（撒母耳）出席一個好友的婚禮，聽到哥林多前書十三章那段著名的愛的信息。我幾乎聽過千遍了：「愛是恆久忍耐，又有恩慈；愛是不嫉妒；愛是不自誇，不張狂，不做害羞的事，不求自己的益處，不輕易發怒，不計算人的惡，不喜歡不義，只喜歡真理；凡事包容，凡事相信，凡事盼望，凡事忍耐。愛是永不止息。」（4～8節）

我坐在那裏想：對呀！這是多麼美好，又有詩意，但是沒有人能夠這樣去愛，誰也不可能實踐那樣的標準！有一次我出席另一個婚禮，當細想愛的理想典範，便覺得內疚慚愧。在我的內心深處曉得，自己沒有能力以那樣的愛去愛我的新婚太太。

為了進一步闡明，讓我們思想婚姻中犧牲的愛所需的一切條件。身為基督徒丈夫，我默想一切自己必須做的事情，這實在叫人疲倦。這些期望既非凡又無法實現。我這個新婚的丈夫被命令像基督愛教會那樣的去愛太太，為她捨命（這就容易唷！）。我被呼召去為她犧牲，置她的需要在我自己的之上。還有，我應該接納、肯定、欣賞、挑戰、安慰、鼓勵、原諒、激發、帶領、尊重、支持和認定她。除了以上一切之外，她還要我時時分享自己的感受！

數年後，我發現自己並不是要如此去愛所有人，這才叫我鬆一口氣。神並不期望我能夠靠自己去這樣愛人。祂要透過我去愛人。當我與神的關係穩定的時候，這些愛的特質在我裏面流通。當我靈性上遠離神，嘗試靠自己或根據自己的安排生活，我便會一敗塗地。所以我一定先要保持專注與神的聯繫，從而進入愛的源頭。耶穌在約翰福音這樣說：「我是葡萄樹，你們是枝子。常在我裏面的，我也常在他裏面，這人就多結果子；因為離了我，你們就不能做甚麼。」（十五5）

基督運用葡萄樹與枝子的描述，表徵了我們每天、每小時、甚至每分鐘與神聯繫的需要。基督說明自己是「真葡萄樹」（約十五1），我們（基督徒）就是那些枝子。葡萄樹賜生命和營養給枝子，讓枝子成長結果。我們本身經常缺乏所需、無法自足，每天完全緊靠基督，我們的生命才能夠活出祂的生命，這是絕不誇張的。惟有藉著基督我們才能夠結出聖靈的果子。

你是否想好像基督愛我們那樣去愛別人？是否想自己能夠去服事、原諒、激發伴侶？想有喜樂、平安或忍耐？那麼，定下目標，就是連結「葡萄樹」——即是基督。親身實驗這基本原則，你也會獲得惟靠連結力量的源頭——葡萄樹——才得到的收成（結果子）。

● 進深默想經文

- 哥林多前書十三章1至13節
- 腓立比書一章3至5節
- 歌羅西書一章27至29節

用自己的言語來總結這天關於愛的靈修重點，在以下空白位置寫下你的想法、感覺或領受：

親愛的天父，求祢教導我每刻也與祢聯繫。赦免我只靠自己去做人，幫助我倚靠祢。惟獨祢是我的力量。阿們。

祈 禱

親愛的神：

感謝祢對我滿溢的愛。主啊，祢是真愛之始，真愛的定義和完美的典範。感謝祢先愛我，不僅以祢的話語，還藉著祢兒子耶穌基督的犧牲來展示祢的愛。

主啊，我承認我的愛和奉獻經常錯誤地投放，在其他人、一些關係、希望與夢想上，卻遠離祢——我惟一值得寄託感情的對象。我承認我經常只用嘴巴來事奉祢，以我自己的說話與情感來聲稱自己是基督的門徒，而沒有以行動來表明自己的門徒身分。

求祢幫助我更好地理解和接受祢愛我的深度，好叫我更懂得以真實的愛回應祢，並且祢豐盛的愛從我的心湧流出來給周圍的人。請祢教導我如何以恰當的行動來愛祢，超越宗教的表面，與祢建立深厚而持久的關係。這個星期祢教導了我，沒有祢的幫助，我自己不足以去愛祢、愛人。祈求祢藉著聖靈加給我能力，使我透過祈禱、讀經、聖靈，努力與祢聯繫。

奉主耶穌的名字祈求。阿們。

禱告札記

讚美敬拜：

認罪悔改：

感謝：

祈求：

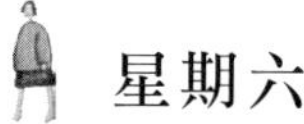

星期六

愛的根基

今天我們想鼓勵你和伴侶，預留時間給你們二人相處。或許你們可以到外面吃午餐、駕車到公園或到其他地方，有助你們討論愛的根基的。謹記你們討論的目的是提出問題，以憐憫的心傾聽，彼此分享過去一週在相關問題上的經驗。這是藉著支持與鼓勵的精神來彼此聆聽、尋求明白對方的時刻，而不是辯論或爭辯神學觀點的場合。最終，這次勇敢的相聚是希望你們二人建立靈裏親密更堅固的根基。

過去一個星期，我們探討愛，尤其是神的愛。你辨識到愛的源頭和真愛的特點。你得到鼓勵，把與神的愛的關係看為最重要的，在世間一切東西與人事之上。你知道，惟有保持與愛的源頭——耶穌基督——聯繫，才能夠藉著真正的、犧牲的愛去愛你的伴侶。最偉大的情人是那些每天留守（居住）在基督裏面，讓自己盛載神這份滿有大能的愛的人。

● **討論問題：**

1. 你曾否被誘惑，把伴侶或這份愛情看得比神自己更重要？

2. 對方可以怎樣激勵你在與神建立的關係中，時常以神為第一位和最重要的呢？

3. 你可以做甚麼，向伴侶展示你更學像神那樣付出愛的樣式呢？

4. 你們可怎樣彼此激勵，向對方表達愛的真正樣式？

5. 你是否因為你們的關係而更屬靈或靈性上更得激勵呢？你是否更親近神？為甚麼？或為何不是？

6. 在過去五天有關愛的靈修小品中，哪一篇最感動你或叫你認罪呢？這一週的主題有沒有叫你產生其他強烈的感受或反應？

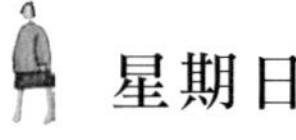

星期日

月　　日

講道筆記：

分享領受：

第二週

靠著恩典而活，就是要認識自己的一生，包括光明與黑暗兩面。

——曼寧（Brennan Manning）

奇異恩典，何等甘甜，
我罪已得赦免……
此恩領我平安渡過，
他日歸回天府。[1]

——約翰牛頓（John Newton）

惟有發覺到自己不配被相信，我們才值得被人相信。

—— 巴特（Karl Barth）

星期一

帶著恩典奔跑

你們既靠聖靈入門，如今還靠肉身成全嗎？你們是這樣的無知嗎？

——加拉太書三章3節

《烈火戰車》（*Chariots of Fire*）是一齣偉大的電影。其真人真事的內容描述了兩位英國田徑明星如何競逐奧林匹克的金牌。其中一位叫李愛銳（Eric Liddell），是疾步如飛、鬥心旺盛的蘇格蘭宣教士，而他的對手亞伯拉翰斯（Harold Abrahams）雖也是跑步健將，卻心懷怨恨。李愛銳懷著神賜予的熱情出賽，因為他藉著跑步來榮耀神。亞伯拉翰斯賽跑的目的是要贏得被別人肯定與接納的感覺，也因此在人生路上裹足不前。

整齣電影對兩者的比較非常明顯：一個跑步時滿有極大的喜樂與輕鬆的心情，因為知道自己是被天父接納的。另一個為了證明自己的存在與作為人的價值而奔跑。

很多時候，在信仰的漫漫長路上，我們慣常由享受從神而來的奇異恩典啟程。但是，在沿路某處跌倒的時候，我們不會按著神的恩典而行，反倒回復看重自己表現的心態。我們輕信這樣的謊話：「你是被恩典拯救，但你可以在每天的生活裏，靠著自己的行為掙得神的祝福。」換句話說，恩典是賜予未信主的人，而律法是施行在信徒身上的。這真是扭曲真理的最大謊言。

有時候，我（賓）也會在預備會議或教會宣講前，溜後退到表現掛帥的心態。在我站起來說話前，會為自己的屬靈狀況把脈：「看一看，今天我祈禱了沒有？有讀經嗎？有在飛機上向鄰座乘客作見證嗎？」有時候，我會這樣想：「這是一篇劣透的信息。神怎樣也絕不會祝福，因著我今天做過的與沒有做的事情。」也有其他時候，我心裏會這樣理論：「嗯，今天真是不錯，我有讀經、祈禱（還跪下來），甚至清理了我裏面的罪。神今晚一定滿意我的信息！」以上兩種情況，我與神的聯繫都是建基於自己的表現，而不是神的恩典。第一種情況，我認為我喪失神的祝福；第二種情況，我以為理應得到祂的祝福。

神從來不希望我們與祂的聯繫是建基於自己優勝劣敗的表現。你的個人表現永不會符合神接納你的標準。畢哲思（Jerry Bridges）在《恩典的操練》（*The Discipline of Grace*）中寫出如此優美的話：「在你最糟糕的日子，你永不會潦倒至離開神恩典所及之處。在你最美好的日子，你也永會不超越需要神恩典之極。」恩典不僅是給予初信者，也是賜給你我領受的。正如經典詩歌〈奇異恩典〉（“Amazing Grace”）所高唱：

經過許多危險網羅，
飽受人間苦楚，
此恩領我平安渡過，
他日歸回天府。[2]

你呢？你的生命是被以表現掛帥為原則的陷阱所困，還是經歷了帶著恩典奔跑的喜樂呢？

● 進深默想經文

· 加拉太書二章20至21節
· 腓立比書一章3、6節
· 彼得後書三章18節

用自己的言語來總結這天關於恩典的靈修重點，在以下空白位置寫下你的想法、感覺或領受：

神啊，感謝祢給我的奇異恩典。幫助我每日每刻依靠祢的恩典而活。阿們。

星期二

廉價恩典

這樣，怎麼說呢？我們可以仍在罪中、叫恩典顯多嗎？斷乎不可！我們在罪上死了的人豈可仍在罪中活著呢？

——羅馬書六章1至2節

「一次得救，永遠得救」幾乎是基督教中最被濫用與誤用的陳述。原本的意思是人接納神藉著耶穌基督所賜的恩典，便獲得救贖的確據，永不落空。這一句話普遍為人接納的意思是你可以藉著一個祈禱接受耶穌，然後卻按自己方式生活，仍能進入天堂。換句話說，只要你曾「這樣祈禱」，就可以在世上過著地獄般的墮落生活，死後仍然可搬進天家的豪華大屋。為主殉道的德國神學家潘霍華（Dietrich Bonhoeffer）稱這種心態為「廉價恩典」（“cheap grace”）。

這廉價恩典的神學在基督教信仰中流傳兩千多年了。使徒保羅於公元五十五年把以上說話寫給一羣在羅馬的基督徒，當時他是對抗著同樣的、其名為「唯信仰論」（antinomianism）

的異端。唯信仰論者反對律法。他們這樣推論：人不能靠自己得到神的恩典，而罪則被用作強調神恩的背景，那麼何不犯罪更多使更多恩典可以賜予呢？保羅在羅馬書六章解答這項指控。他說：「如果我們藉著基督向自己的罪死，豈能在世上繼續犯罪？如果神給了我們祂兒子的義，那麼為何我們會渴望玷污祂的恩賜呢？」

如果有人送你一件簇新、度身訂造的白色純絲質外衣，你不會跑到外面的污泥中打滾弄髒。相反，你會在能力範圍內盡力把它保持清潔。

這個比喻也應用在你與神的關係。祂把基督無瑕的義送給你，又將聖靈放在你的心裏面。誰會故意把接受這份恩典視為理所當然的呢？現在你仍然會犯罪，很多時候你寧願犯罪，更甚於順服神。可是，作為信徒，你會認罪，接受更新的潔淨，決心不再犯上同樣的罪。用另一種說法，作為基督徒，你會推動自己做到最好（不是完美），不想從神賜下給你的恩典中佔便宜。你會決心要自己的罪得潔淨，不會只顧在生命的化糞池中打滾而忘記聖潔。

神在你們的愛之間賜下恩典，你如何展示自己對此的感恩呢？你對伴侶的行為可會間接表明你是真正委身給神？你有佔神恩的便宜嗎？或者，你有沒有表現出自己十分重視聖潔呢？神給我們的愛是很貴重的。祂白白賜下恩典，但恩典卻不是廉價的。如果你過去濫用神的恩典，快認罪吧，求神赦免，祈求祂再次叫你心裏火熱去追隨祂。你惟有藉著基督倚賴神的恩

典，每天得著神的接納。

你的順服永遠不配得去接受祂的恩寵。不過，由於聯繫你與神之間的基本元素是恩典，這並不是叫你把「順服」束之高閣。你仍然必須每天跟自己裏面叛逆神的力量掙扎搏鬥。恩典最終會加給你力量去抗拒誘惑，叫你得著自由，堅持到底。

● 進深默想經文

· 羅馬書六章14節

· 提多書二章11至12節

· 希伯來書十章26至29節

用自己的言語來總結這天關於恩典的靈修重點，在以下空白位置寫下你的想法、感覺或領受：

天父啊，感謝祢，祢的恩典不僅拯救我，還潔淨我。求祢今天藉聖靈給我力量，去擊退我裏面叛逆祢、抗拒祢不斷恩典的能量，阿們。

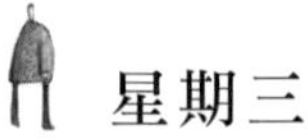

星期三

認真診斷

……並沒有分別。因為世人都犯了罪，虧缺了神的榮耀。

——羅馬書三章22至23節

有一段長時間我（賓）極力否認自己的視力問題。二十四年以來我都有正常視力，不曾想過有一天自己要配戴眼鏡或隱形眼鏡。然後有一天我在達拉斯（Dallas）的街道上駕駛，旁邊是一直接載我的朋友，因我看不清楚街道名稱，直到五尺範圍以內的距離才看到。她說：「嘿，阿賓，你有沒有想過戴眼鏡？」我說：「你真會開玩笑，我的視力完全正常。」

嗯，你猜想到接著發生甚麼了。我不大情願地預約做視力檢查，發現正如我所懊惱的，她說的對。我真的需要眼鏡，原來我大大錯誤診斷自己的情況。

許多年來，我對於在神面前的屬靈狀況，也是保持同樣的態度。我不煙不酒、不狂歡跳舞、不聽搖滾樂，也不隨便性交。我去教會、祈禱、讀經。從來我做過最瘋狂的事情是燃燒炭筆（我沒有吸），以及在假期聖經班中喝「酷愛」（Kool-Aid）飲料而醉倒。我把自己跟教會內外的人比較，總結自己是一個挺不錯的人，神也一定因為我的好行為而高興。唉，我真是盲了。

經過很長時間，神向我啟示了我在祂面前的真正狀況。根據聖經，有宗教與沒有宗教是沒有分別的。無論你是宣教士或殺人犯，是傳道人或是妓女，都不重要。我們都是同樣犯了罪，在神面前污穢不堪。我們成為罪人，不僅因為個人選擇，還因為我們生來就是罪人。在亞當不順從神而吃下禁果後，我們便從我們有機能障礙的始祖承襲了罪與墮落。我們天生是罪人。從神的角度看，世上根本沒有「好人」。我們生來是神的敵人，在屬靈的角度來說是死的，本質上應當承受神的憤怒。

就好像我否認自己視力差勁，我更是鄭重否認自己的屬靈狀況。直到我曉得自己是如何無助，才經歷到神的恩典。直到我們明白自己的診斷結果的嚴重性，才能夠感謝神的醫治。除非我們承認自己是有病的、有罪的、與神隔離的，要不然永遠不能經歷神醫治的奇妙大能　　恩典。

好消息在此：神為我們的困境開了處方。祂的處方就是耶穌基督。藉著亞當一人定人類的罪，神也能夠藉著耶穌一人拯救那些接受恩典的人。因為亞當致死的決定，所有人淪為罪人。因為基督公義的行為，代替我們受死，叫凡信祂的人都成為義人。也可以這樣解說：我們進入天堂是因為耶穌基督為我們做的一切。這就是為甚麼人稱之為奇異恩典。

但是等一下——事情並非就此打住。神的恩典讓我們踏進天堂門口，但是我們必須每天仰賴這恩典來維持與神持續的關係。我們需要人提醒我們恩典的價值，因為惟有這恩典讓我們可以繼續來到神面前親近祂。甚至在我們非常屬靈的日子，我們仍然是極度需要恩典，以致被神接納。接受神的診斷與醫治，永遠徹底改變我的生命。也讓它改變你的生命吧。

● 進深默想經文

· 羅馬書五章17至21節

· 羅馬書八章1節

· 以弗所書二章4至7節

用自己的言語來總結這天關於恩典的靈修重點，在以下空白位置寫下你的想法、感覺或領受：

神啊，求祢叫我謙卑下來，看自己既是聖人，也是罪人。教導我在與祢及其他人的關係中成長時，保持一顆謙卑的心。阿們。

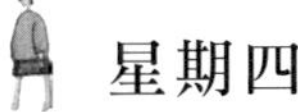

星期四

奇異恩典

你們得救是本乎恩，也因著信；這並不是出於自己，乃是神所賜的；也不是出於行為，免得有人自誇。

——以弗所書二章8至9節

平安夜，你們一家人吃過有火雞、填火雞的材料、及地瓜的美味晚餐，突然聽見有人敲門。你一開門，發現一個發抖的老翁站在門前「歡迎光臨」的地毯上。你瞥見他衣衫襤褸，滿臉長鬍子，便曉得他流落街頭好一陣子了。他有禮地問你要食物，你便跑進廚房，把盛著火雞和麵包的即棄碟子交給他。老翁向你道謝，然後在黑夜中消失。你這仁慈善行是否恩典的示範呢？有些人把恩典界定為把一些對方不配得到的東西送給他。從人的角度來看，你所做的固然是非常仁慈的行為，卻不足以闡明真正恩典的涵義。

真正的恩典是這樣的：你們剛剛吃完了同一頓聖誕晚餐，同一個老翁出現門前。他肩上扛著一個乾乾淨淨、裝滿聖誕禮物的垃圾袋。當你知道原來裏面全是本來屬於你們的禮物後，你驚訝不已，下巴幾乎要掉下來。誰曉得他怎樣偷偷從窗口爬進你家，拿走全家的聖誕禮物，他現在居然還有膽量來討食物。不過，你轉身走進廚房，給他一碟食物，還送他離去。這才是真正的恩典——把一些對方完全不應該得到的東西送給這個人。沒有一個頭腦正常的人，會為卑賤的聖誕賊做出這樣奇妙的行為。

從神的角度來看，我們都像這個聲名狼藉的罪犯。我們因為選擇違反神的誡命而竊取了神的美物。聖經說，我們全是罪人，也達不到神對義的標準——百分之百的完美。因為神是完美和聖潔，對於罪，祂必審判每項人類叛逆律法的不順服行為。如果神以完美作為接納罪人的要求，那麼，世上哪個人可以過關呢？神的答案是耶穌基督——真正恩典的終極典範。

神藉著耶穌基督成為人。耶穌活出完美道德的生命。祂總是做對的事情，永不犯錯。祂活出完美的生命，是你我永遠無法活出的。然後祂死在十字架上，以祂自己的血，為我們的罪付上刑罰的代價。基督死了三天，卻在第三天從死裏復活過來。聖經告訴我們，在十字架上，神看待耶穌基督如同祂承受了我們的生命一般，因此神看待我們如同我們承受了基督的生命一般。

當你相信耶穌基督救贖你時，神宣告你被赦免了，不再被定罪。甚至更美好的是，祂把基督完美的生命轉帳到你的戶口中，如今在神的眼中，你可以被完全接納。那是真正的恩典。

我們應當承受神的憤怒和懲罰，卻因為基督代替我們的生命與死亡，我們得以接受寬恕與永生。我們都扛著一個乾乾淨

淨、滿載贓贓的垃圾袋站在神的面前，但是當我們藉著耶穌向祂呼喊求恩典的時候，祂給我們自由、赦免和永恆的生命——全是我們完全不應該得到的東西。

你不應該厭倦聆聽關於恩典的信息。曾經有一個洩氣的教區居民問馬丁路德（Martin Luther），為甚麼他每逢禮拜日都講論關於恩典的福音。他回答：「因為你每個禮拜也忘記。」今天，反省神在你生命中厚賜的恩典。向神表示謝意，因為事實就是因著祂的恩典，你現在在神眼中已完全被接納，所有過犯（過去、現在與未來的）被徹底赦免。那真是奇妙啊！

● 進深默想經文

· 哥林多後書五章21節至六章1節

· 歌羅西書二章13至14節

· 提多書三章4至7節

用自己的言語來總結這天關於恩典的靈修重點，在以下空白位置寫下你的想法、感覺或領受：

天父啊，感謝祢，因為耶穌基督在我身上作的工，祢宣告我完全蒙祢接納，在祢眼中我是叫祢喜悅的。求祢讓我接受祢的恩典，叫我剛強、給我力量，引導我回天家。阿們。

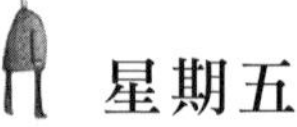

星期五

專 注

我兒啊，你要在基督耶穌的恩典上剛強起來。

——提摩太後書二章1節

我（賓）還小的時候，常常發白日夢，幻想自己贏得奧林匹克運動會金牌。哪管是游泳、田徑還是滑雪金牌，我只知道自己要體驗在一些運動項目成為世界上表現最好的一種屹立巔峯的滋味。到了人生某個階段，我不再夢想自己成為奧林匹克選手，可我得坦白承認，只要運動會舉行，我一定牢牢盯著電視。

看了那麼多年奧運，我看過一些記者訪問無數金牌得主——由強壯的希臘羅馬式摔角選手到體型纖細的溜冰好手。他們經常問：「你怎樣做到的呢？為甚麼在壓力之下不覺窒息？怎樣熬過經年累月的嚴格訓練？」全球數以百萬觀眾焦急等待，渴望聽見同樣重複的說話：「專注。」「覺得有壓力的時候，我只會保持專注於自己的狀態。」或「若在預備比賽的時候覺得沮喪或筋疲力盡，我會推動自己集中在目標上。」

任何影響世界的人、公司或教會均精於專注重要事項的藝術。如果自己真正專注於這個星期手頭上的工作，你能夠想像有甚麼事情發生嗎？或許，你將所有空閒時間專注於改進自己在你們的關係裏的溝通技巧，這又會如何呢？集中精神的操練使你能運用潛在的力量。

在世界歷史中，有一位非常偉大的領袖，他是生在大數城的保羅（Paul of Tarsus）。他在第一世紀時接受高等教育，得著極大的鼓勵歸信基督教。若你把麥克風伸延到天堂，訪問保羅關於他怎樣能夠抵受嘲笑、逼迫、鞭打、坐牢，最終致死，他很可能這樣回答：「我保持專注於恩典。」即將在羅馬殉道前，他寫下這些說話給年輕門徒提摩太：「要在基督耶穌的恩典上剛強起來。」他要求這未來的領袖：「如果你希望自己的生命有最大的影響力，如果你真的想在短暫的今生裏為神而帶來影響，那麼像一束雷射光那樣向神的恩典聚焦。」

自過去十四年以來，神一直張開我雙眼來看到祂的奇異恩典。我向你保證，如果你專注於這同樣的恩典，你的生命會繼續改變，也會促進你們的關係。恩典會轉變你經歷神的模式。恩典會讓你憐憫別人。恩典會改進你如何看自己。恩典會從論功行賞的捆綁中釋放你，使你藉著耶穌基督在神的愛與接納中行走。

嘗試今天和本週每天專注於恩典。求神幫助你欣賞祂賜給你恩典的豐盛，以及恩典怎樣從內而外轉變你的生命。

● **進深默想經文**

· 約翰福音一章17節

· 使徒行傳二十章32節

· 羅馬書五章1至2節

用自己的言語來總結這天關於恩典的靈修重點，在以下空白位置寫下你的想法、感覺或領受：

親愛的主，求祢幫助我培養一種感恩的態度，為祢在我生命所作的一切感恩。幫助我不再專注於自己的表現，而是專注於藉著耶穌基督賜給我的恩典。阿們。

祈 禱

親愛的天父：

今天我奉耶穌基督的名來到祢面前。因為祂的死亡與復活，我能夠稱呼祢為父親。我知道祢已收納我進入祢的家中，我是多麼感謝祢給我認識祢的途徑。

親愛的神，很久了，我靠著服從一切規矩來努力贏得祢的好感。我以為所有的宗教責任和所謂公義的行為會使祢更愛我。感謝祢容讓我看到一個事實，就是惟有藉著祢的恩典，我才得接納進入祢家，也惟靠祢的恩典，我才可一天又一天的留在祢的家中。求祢幫助我在糟糕和美好的日子裏都繼續依靠祢的恩典。保守我不要把自己所作的工看為賺取祢祝福我生命的方法。

為了耶穌基督的十字架，我感謝祢。感謝祢，藉著基督的死亡，我才得以被赦免和稱義。願我永不吹噓自己的善良或靈性，但願我只誇耀基督在我身上做過的一切。

奉主耶穌的名字祈求。阿們。

禱告札記

讚美敬拜：

認罪悔改：

感謝：

祈求：

星期六

恩典的根基

今天我們想鼓勵你與伴侶，預留時間給你們二人相處。或許你們可以到外面吃午餐、駕車到公園或到其他地方，有助你們討論恩典這題目的。謹記你們討論的目的是提出問題，以憐憫的心傾聽，彼此分享過去一週在相關問題上的經驗。這是藉著支持與鼓勵的精神來彼此聆聽、尋求明白對方的時刻。最終，這次勇敢的相聚是希望你們二人建立靈裏親密更堅固的根基。

恩典是其中一個詞語，聽起來跟其本身意義一樣美好。把這兩個字讀出，它就會好像自動產生一股安慰人的特質。過去這個星期我們查看恩典這題目，發現它真的跟其發音一樣那麼好。恩典是神給墮落世界的答案，是藉著救贖賜予我們本不配得的禮物，保證我們與全能神的永恆關係。這個星期你學習到，儘管如何努力行「善」，我們在聖潔神面前全都是有罪的，沒有恩典作為基礎，我們無法與神建立關係。你已經甦醒過來，欣賞到神的恩典是免費卻不是廉價的。因為祂的恩典，我們得到推動邁向聖潔和純淨的生活方式。你也認識到你不用被日常表現所纏累，反而是基於神的恩典，你可自由地活出生命。

● **討論問題：**

1. 關於神的恩典，你發現到甚麼是最有意義的？

2. 你可有發覺自己的生命是陷於講求表現的網羅中？

3. 跟對方討論他／她如何可以鼓勵你活出看到恩典的生命。

4. 與對方談談廉價恩典與免費恩典的分別。

5. 你的伴侶怎樣能夠啟發你保持專注於恩典，而並非行為呢？

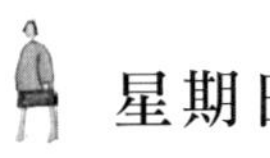

星期日

月　　日

講道筆記：

分享領受：

譯註：
1. 中文歌詞節錄自何統雄編：《生命聖詩》185首〈奇異恩典〉，11版，（香港：宣道出版社，2006年）。
2. 中文歌詞節錄自何統雄編：《生命聖詩》185首〈奇異恩典〉，11版。

第三週

僅次於得見救主之奇妙，我想，

該是自己如此少用祈禱能力這件奇事。

——慕迪（D. L. Moody）

留心你怎樣祈禱。認真去作。別流於僵死的形式。

——司布真（Charles Spurgeon）

祈禱不會改變神，但改變祈禱的人。

—— 祈克果（Søren Kierkegaard）

我祈禱愈少，愈難成事；祈禱愈多，愈發通達。

—— 馬丁路德

星期一

你向誰祈禱？

你們雖然不好，尚且知道拿好東西給兒女，何況你們在天上的父，豈不更把好東西給求他的人嗎？

——馬太福音七章11節

「我是無神論者」，祖舒（Josh）這樣宣稱。幾個星期後，我們開始人際關係輔導，我（撒母耳）向祖舒問到有關他的信仰。他以知識上的分歧、進化論、耶穌死後復活、普世的痛苦及苦難，替自己為何懷疑充滿愛和擁有至高權威的神繼續辯護。最後，我叫他把家庭背景告訴我。在他蠻年輕的時候，父親離開了他和母親，然後他曾再婚兩次，對此我並不感到意外。

我確實感受到他的痛苦，可是我還得對他坦白：「你跟神的問題不在於理性上。事實上，是你把地上父親的性格投射到天父身上，而這位天父壓根兒不會像那個離開你和你母親的男人。」

陶恕（A. W. Tozer）曾經說過：「對你自身最重要的，是你認為神是怎樣的。」根據這個原則，我們認為你對有關神（祂的身分與屬性）的真理的理解與接受能力，對你是一個怎麼樣的人，以及怎樣過生活，產生最大的影響。儘管我們可能有紮實的信心和堅決的委身，當中很多人卻對神仍保持幼稚的觀念。雖然如此，禱告的能力還是取決於你對「神是誰」的觀念。

你在向誰祈禱？你怎樣看神？你可會認為祂是一個被動或疏離的老翁潛伏於外太空某個角落嗎？你害怕祂不會介入或不關心你的生命嗎？也許在你對神的觀念中，祂是天空中一名苛刻的警察，惟一目的就是在你犯錯的時候懲罰你。或者，你假設祂只是你的泛泛之交。

經文描述的神，是親密地介入和關心你生命中的每一細節的。祂是滿有愛的天父，渴望與你有一段密切的個人關係。事實上，耶穌是第一個人指出神像一位父親那樣。祂明確地准許我們稱神為「我們的父」（在主禱文），以及以這種態度來接近祂。當然，經文也指出，神是掌權的君王；因此，我們也必須以敬畏、謙卑和崇敬的心態親近神。

若把禱告調至最基本層次，你會發現，這只不過是你與天父溝通的過程。很難想像一個不正確地認識神到底是誰的人，怎能與神展開開放、自然流露的對話。

我們鼓勵你認真思想你對神的看法。你可能從知識層面認識到神是父親，但是在禱告裏前來祂的寶座時，你是怎樣經歷神的？你對祂的真正觀念是如何的？你必須盡力保持以聖經的教導來認識神，並以平衡的觀念來接近祂：祂既是天父，也是聖潔的君王。現在就為可以與神有親密關係的特權，以及藉著作為信靠神的孩子的勇氣，得著來到祂全能寶座前的信心而感謝神。

● 進深默想經文

· 以賽亞書六章1至5節
· 馬太福音六章8至13節
· 羅馬書十一章22節

用自己的言語來總結這天有關禱告的靈修重點，在以下空白位置寫下你的想法、感覺或領受：

天父啊，感謝祢送給我們禱告這份禮物，感謝祢讓我們有機會在任何時刻來到祢的寶座前。幫助我以生命委身，每日向祢禱告。阿們。

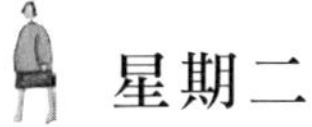

星期二

祈禱的終極目的

父啊！你若願意，就把這杯撤去；然而，不要成就我的意思，只要成就你的意思。

——路加福音二十二章42節

不久前，奧斯卡得獎者安東尼鶴健士（Anthony Hopkins）在我喜歡的其中一齣電影《影子大地》（*Shadowlands*）中扮演牛津大學教授及神學家魯益思（C. S. Lewis）。這個動人故事描述魯益思省察到強烈的愛的殘酷事實與受苦的本質。在其中一幕，他的太太患癌垂危，他一個牛津的學術界朋友輕率地鼓勵他為她的康復祈禱。魯益思以其經典的回應責備他：「我祈禱因為我無法幫助自己；我祈禱因為我無助。這需要常常從我裏面湧流出來——無論或睡或醒。祈禱不會改變神，卻會改變我自己。」換句話說，這位基督教的偉人不會因為突然陷入危難才祈禱。無論如何，他總是在禱告中，他也知道自己祈禱的原來動機是要叫他自己的內心得著改造，而並非要支配神。

作為與神的屬靈聯繫的形式，祈禱代表很多方面，包括與神親密，從祂那裏尋求清晰的生命方向，以及祈求祂滿足我們的需要。但讓我們說個明白。祈禱的基本目的不是要改變祂的想法或要從祂那裏得到甚麼，彷彿把神當作眾所周知的亞拉丁神燈那樣。禱告不是變魔術的過程：只要我們充滿信心地說出「魔咒」，神就會把夢想成真。相反，祈禱是持續進行的溝通過程，能夠使我們更像基督，並發現神對我們的生命有甚麼期盼。

請別誤會。那並非說祈禱不會對別人產生影響。作為改變我們週遭世界的使者，我們是與神同工的。但是祈禱最終是要改變我們的心。

傅士德（Richard Foster）在《屬靈操練禮讚》（*Celebration of Discipline*）寫道：「祈禱是神用來改造我們的核心管道……我們愈貼近神的心跳，便愈發渴望緊隨耶穌。」（編按：按引文重譯）以正確觀點來祈禱，豈不是很美妙？關於禱告，你曾以那些詞語來思考嗎？默想祈禱這終極目的的重要性；思想這概念是關乎改變你和改變你的心，而非嘗試支配神去符合你的意願。當你完成這靈修的時候，先向神禱告，期望在你身上動工，堅立你的信心、品性與心靈。

● 進深默想經文

· 馬太福音二十六章39、42節

· 哥林多後書十二章7至10節

· 約翰一書五章14節

用自己的言語來總結這天有關禱告的靈修重點，在以下空白位置寫下你的想法、感覺或領受：

主啊，我知道自己祈禱的動機總是不純潔。求祢藉著禱告的操練來改變我和改變我的心。阿們。

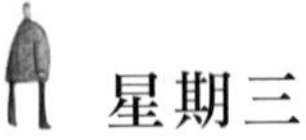

星期三

真禱告

你們禱告，不可像外邦人，用許多重複話，他們以為話多了必蒙垂聽。

——馬太福音六章7節

丹尼爾走進我（賓）的辦公室接受輔導的時候，身穿深色Hickey-Freeman西裝，筆挺的白襯衫，繫上藍色絲質領帶，戴上勞力士（Rolex）腕錶，衣著光鮮，十分醒目。他甚至帶一份大綱的打字筆記，以便解釋約見的理由。在我們的第一節輔導中，很明顯，我從丹尼爾身上得到「全力以赴」的印象。他要給我留下好印象，也說了一些他以為我想聽到的事情。他戴上面具，冠冕堂皇，防禦十足，我們共度了「美妙」的時刻，談及的都是生命中片面的東西，與他需要輔導的理由風馬牛不相及。我們需要好些星期才能夠穿透表層，進入他因失去家庭而產生的真正傷害與痛苦中。這時候真正的工作開始了。大多數人皆以相似的方式走進輔導室，毫不察覺到自己處處流露自我保護的心態。

很不幸，我們經常也是這樣對待神。我們祈禱來到祂面前，多以過分地要討人喜歡的表現來接近祂，向祂訴說我們以為祂想聽的事情。我們經常誤以為禱告是儀式化與拘泥形式的談話，且要撒上一把「屬靈」妙語來調劑。我不知道你是怎麼樣，有時候我倒覺得，在呈獻自己於神之前，先得冷靜下來整理自己。這樣做是徒勞無功的，而且不可避免成為阻礙我們親近神的攔阻。說真的，我們需要以「本相」（'as is'） 來到神的跟前。

禱告就是真心誠實與神共處。耶穌說，祈禱應該是簡單的、誠實和直接的（不可像外邦人，用許多重複話）。禱告是除掉面具，卸下防備。詩篇作者清晰示範這種向神質樸且火熱的表達。人以真我來到神的面前，訴說發自心底的話，這才是真禱告。真禱告是找到安靜獨處的時刻，自由表達喜樂、渴望和夢想，以及最大的恐懼、擔心和失望。這樣與神相通，產生與祂的親密關係。

耶穌說：

> 你禱告的時候，要進你的內屋，關上門，禱告你在暗中的父，你父在暗中察看，必然報答你。你們禱告，不可像外邦人，用許多重複話，他們以為話多了必蒙垂聽。你們不可效法他們；因為你們沒有祈求以先，你們所需用的，你們的父早已知道了。（太六6～8）

要保持這樣的真誠與透明的程度，我們必須每天與神接觸。當然，耶穌是我們學習禱告的最佳典範。我們在馬可福音一章35節看到：「次日早晨，天未亮的時候，耶穌起來，到曠野地方去，在那裏禱告。」經文也記載，祂經常從人羣中退下來，走到「偏僻的地方」祈禱。從祂接受浸禮後到曠野退修四十日，到橄欖山上，給五千人吃飽的神蹟後，以及祂被釘死前在客西馬尼園中，我們都看到。我們曉得，儘管基督須滿足別人的一切需求，每一天仍撥出時間獨處。

讓我們直接些吧。如果耶穌基督——三位一體的第二位格——需要時間跟天父獨處，你我是否更需要委身於撥出時間獨處，好叫我們每天得著靈性上的更新？

● 進深默想經文

· 詩篇一百一十九篇57至58節

· 羅馬書八章26至27節

· 腓立比書四章6至7節

用自己的言語來總結這天有關禱告的靈修重點，在以下空白位置寫下你的想法、感覺或領受：

親愛的神，求祢叫我熱切渴望安靜地與祢獨處。天父啊，求祢幫助我學習如何以真我、真實地來到祢面前。阿們。

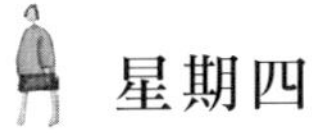

星期四

祈禱就是聆聽

我是好牧人；我認識我的羊，我的羊也認識我……看門的就給他開門；羊也聽他的聲音。他按著名叫自己的羊，把羊領出來。既放出自己的羊來，就在前頭走。

——約翰福音十章14、3至4節

剛收到這些調查結果：人在禱告的時候，會用上百分之九十九點九的時間向神說話，而保留百分之零點一時間聽神的說話。我想，大多數人都帶著一份願望清單和明確的行事曆來到神的跟前，這樣的假設該是說準的了。相比真心尋求祂指引我們的生命，我們更熱中於告訴祂我們需要甚麼，和祂應該做甚麼：「主啊，祝福我。主啊，幫助我。主啊，給我……主啊，助我逃離困難，就只有這最後一次吧。」你認同嗎？

聆聽的一方接收到反映出講者意圖的信息，才是有效的溝通。要是祈禱純粹是與神溝通，而有效溝通是雙向的過程，那麼，祈禱必須包括聆聽神的元素，這是理所當然的。

無可否認，要我們全神貫注是十分困難的，因為我們在物質的領域裏不可看到神，而一般來說，祂不會向我們發出耳朵可聽得見的聲音。但是，聖經裏面其中一項很清晰的主題指出，神主動向祂的子民說話。因此，我們必須認定，祂不會向你我隱藏祂自己或其旨意。

假如你肯守候聆聽，真心渴慕明白祂的旨意，那麼你是會聽到祂的聲音的。用你屬靈的耳朵聆聽，跟你以心靈分享同樣重要。要記得，神已經知道你的所思所感。祂也在你還未祈求以先，便知道你需要甚麼！如此理所當然，聆聽神可叫你大得益處。

我們喜歡耶穌在約翰福音論到牧羊人與羊的比喻性語言。綿羊本質上往往是害羞、容易被影響、不懂防禦、真是笨得可以的動物。因著我們的目的，我們從這段經文得到最重要的教訓，包括指出人的無助感，以及極度需要神帶領人生路上每一步。啊，但我們必須聆聽神的聲音。

坦白說，我害怕任由每一天溜走而沒有嘗試聆聽神的聲音和尋求祂的帶領。這不是說我生命中一切重大的決定是出於懇切祈禱和主動聆聽神的。甚至，儘管我是新造的人，心意更新，偶爾發覺自己仍是傾向我自私（和愚昧）的野心。所以，我會每天屈膝（常常真的跪下來），要肯定自己能繼續行在聖靈中，並聽見祂的聲音。

那麼，神怎樣對我們說話呢？基本上是透過聖經。有時候是挺奧妙的——你靈裏的一聲低語或者在腦海中浮現一節經文。其他時候，聖經上的文字赫然映入眼簾，可以個人直接應用。不管神用甚麼方法來跟你說話，我們希望能夠激勵你，在

一切事上緊隨聖經的規範。你要確定，祂似要跟你說的話是與祂所默示的經文——寫下來的話語——一致。詩人宣告：「你的話是我腳前的燈，是我路上的光。」（詩一一九105）

如果你還未這樣做，我們鼓勵你把全新的層面加入你的屬靈生命裏，展開與神對話的雙向過程。換句話說，為了得著改變，讓神有機會跟你說話吧！當然，在你的浪漫關係裏，是無法避免這平行的原則。要達至真正的親密與接近，是取決於你有效聆聽伴侶的能力。

今天決志在你的一切關係裏，成為一個誠懇的聆聽者。最重要的是建立用你的心聆聽神的習慣。祂正在等待向你說話的機會，向神開放吧。你會得到叫你愉快的驚喜！

● 進深默想經文

· 詩篇六十六篇19至20節
· 耶利米書二十九章11至13節
· 耶利米書三十三章3節

用自己的言語來總結這天有關禱告的靈修重點，在以下空白位置寫下你的想法、感覺或領受：

主啊，我相信祢確實以非常真實的方法，真的，來跟我們說話。幫助我養成聆聽祢的習慣，教導我從自己聲音裏懂得分辨祢的聲音。阿們。

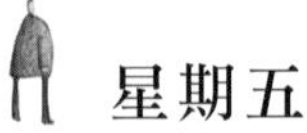

星期五

不休止地禱告

要常常喜樂，不住地禱告，凡事謝恩；因為這是神在基督耶穌裏向你們所定的旨意。

——帖撒羅尼迦前書五章16至18節

我們禱告的時候，至少有兩類與神相交的形式。第一種形式是較為刻意的，遠離每天的煩囂，在特定時間暗暗私禱。你實際上只專注於一件事：不受外界干擾地與神相交。

此外，還有另一種禱告形式。就是以持續交流的心靈來生活——整天與神不斷交談。在帖撒羅尼迦前書五章裏，保羅鼓勵帖撒羅尼迦人「不住地禱告」，或更實在的來說，是「不休止地禱告」。這不是你屋漏兼逢連夜雨時，一些待存檔的虔誠陳腔濫調。保羅是為我們一刻接一刻的日常生活提供詳細教導。他甚至訴諸終極權威，說明這種祈禱的形式本是神的旨意。

有些人稱之為神同在的實踐。注意「實踐」二字，它們暗示了過程本身是非自然的。我們強行自己這樣做，直至它成為習慣。那麼，到底這是怎樣的呢？盧雲這樣解釋：「祈禱……即是在神的臨在中思想與存活。我們的一切行動得要從禱告出發。禱告不是孤立進行的行動，而是在所有讓我們活動的事情與事態中發生。」可以在各種情況之下禱告：每天早上駕車上班，與別人社交閒聊，出席會議，聽講座，做運動或跟老友談心時。

一天之中的任何時刻，你總會在腦海一隅跟自己對話。我們建議你把這對話轉化成禱告，讓你起碼保持自己省察到神是經常富同情心地在你身旁。葛培理（Billy Graham）曾常談到，每當與別人對話，他是同時向神禱告，祈求祂每刻都賜予最恰當的話語以傳遞神的真理。

不住地禱告帶來無可估量的益處。你開始神同在的實踐時（實在就是當你明白神的靈在你裏面，帶著這理解過每一刻），就從聖靈得能力。你經歷到內在的平安及惟有從神而來的信心。還有，這個過程為生命締造完全不同的面貌。即使是一些俗務或看似膚淺的人際交往，也變成是神按照其偉大目的與意義而命定的神聖約會。這過程給你永恆的目光——神觀看事物的角度。

開始的時候，你可能覺得這種禱告是耗時又巨大的擔子。可是，請細想魏樂德（Dallas Willard）在《靈性操練真諦》（*The Spirit of the Disciplines*）的描述：「恆常禱告給我們的『擔子』，僅如空中飛鳥負擔的翅膀。」（編按：按引文重譯）換句話說，每天每刻保持這種祈禱的態度既可以堅固你，也讓你超越俗世，透過神的觀點看萬事萬物。

我們挑戰你，從今天開始神同在的實踐。驗證這種一刻也不停下來的禱告生活。我們相信你必會蒙祝福。坐言起行，快親身經歷神吧！

● 進深默想經文

· 馬太福音二十八章18至20節

· 路加福音十八章1至8節

· 腓立比書四章6至7節

用自己的言語來總結這天有關禱告的靈修重點，在以下空白位置寫下你的想法、感覺或領受：

親愛的神，感謝祢給予我們一天二十四小時都可親近祢的特權。求祢幫助我學習到每日與祢持續對話的藝術。阿們。

祈 禱

親愛的主：

我感謝祢，藉著我們與耶穌基督的關係，我們得以親近祢。感謝祢，我們可以因為任何事情而來到祢面前，而祢也總會聽我的祈禱。我要讚美祢，祢是聖潔的君王，也是慈愛的爸爸。懇請教導孩子以謙卑與敬畏的心來見祢這位聖潔君王，讓我曉得祢是全能的，能成就萬事。我也希望能視祢為慈愛的爸爸，是那關顧我又關心我所經歷的一切，而且盼望我一生都思想祂的。

幫助我把每件事情都帶到祢的面前，不僅是我的欲望和需要，還有我每天的決定、選擇和心思意念。原諒我常常祈求祢改變祢的旨意，或想從祢那裏得到甚麼好處，卻沒有求祢改變我的意念來切合祢的旨意。

我希望自己的言行思想更像耶穌，不過我需要祢幫助我天天進步。求祢幫助我在與祢禱告的生活中成長。主啊，我願意用更多時間祈禱讀經，學習怎樣不住地禱告，並更好地聆聽祢聲音。

奉主耶穌的名字祈求。阿們。

禱告札記

讚美敬拜：

認罪悔改：

感謝：

祈求：

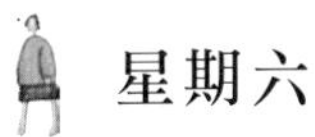

星期六

祈禱的根基

今天我們想挑戰你和伴侶，預留時間給你們二人相處。我鼓勵你們找一個安靜的環境討論禱告的主題。謹記你們討論的目的是提出問題，以憐憫的心傾聽，彼此分享過去一週對於相關問題的經驗。這不是辯論或爭辯神學觀點的時間。這是藉著支持與鼓勵的精神來彼此聆聽、尋求明白對方的時刻。最終，這次勇敢的相聚是希望你們二人建立靈裏親密更堅固的根基。

這個星期我們以禱告為主題，你們也學習了禱告是與神溝通的基本方法。你們也發覺到，禱告不是自然而生的；你必須刻意用功，加上用心計劃，以及一些結構方式。你們也曉得，禱告是讓你在神的面前流露真我的過程，而這是祂改變你、改變你心的基本管道。

我們希望你們用這時間來討論禱告操練。雖然如此，除非你們已經訂婚或去到談婚論嫁的階段，要不然我們希望你們留意，暫時別一起禱告。因為禱告是其中一種最親密的連繫方式，我們希望你們有深厚基礎的友誼與情感的聯繫，才把這部分引進你們的關係裏。

● **討論問題：**

1. 你會如何衡量自己的禱告生活？你是否以禱告開始和結束每一天的生活？你是否整天不住地祈禱？與伴侶分享你的答案。

2. 每個人都會為祈禱操練而掙扎。這是俯拾皆是的經驗。討論你有關祈禱的難處。甚麼是你可能遇到的攔阻與障礙？

3. 你如何評估自己在這位掌管宇宙的神面前流露真我的能力？

4. 向伴侶說出你對神的看法。你會認為祂是天空裏的一位憤怒老人嗎？你認為祂是外太空中被動又疏離的老祖父嗎？還是，你能夠接近祂，看待神如祂真實本體的那樣——一位慈愛的天父親密地介入、關心你生命的每一細節？討論你們的看法。

5. 你如何為對方祈禱？你們有分擔彼此代禱的需要嗎？

6. 在祈禱裏面，你有把這段關係交託給神嗎？你曾否求神向你彰顯二人可以如何一起事奉祂？你曾否問神，在你們的關係中有甚麼缺乏了、或帶來傷害、或不健康的元素？跟對方講出你會怎樣運用祈禱操練來鞏固這段關係。

7. 一起禱告是婚姻裏二人親密的偉大催化劑。你和伴侶是否願意開始以情侶的身分一起禱告？討論你們是否彼此準備好作這樣進深的委身。

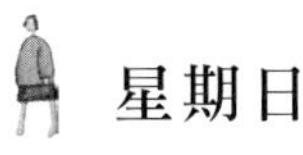

星期日

月　　日

講道筆記：

分享領受：

第四週

因思想感染靈魂，

勿讓日子過去卻沒有

閱讀世上最佳文學鉅著。

——奧斯勒（William Osler）

至高之舉，不是認識至高者，而是按祂的旨意行動。

—— 祁克果

聖經自證其真，因它本是靈藥。它能醫治一切病人，

只要患者忠於指示服藥。

——凱利醫生（Dr. Howard Atwood Kelly）

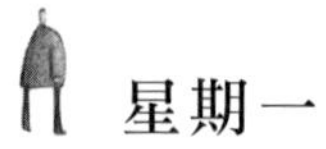

星期一

逆流而上

不要效法這個世界，只要心意更新而變化……

——羅馬書十二章 2 節

許多個月前，我（賓）與好友斯托瓦爾（Jay Stovall）沿著瓜達魯皮河（Guadalupe River）划獨木舟。這是我們第一次去征服河流，對於接受這項新挑戰，我們感到蠻興奮的。斯托瓦爾和我一直順利划向下流，直至我們衝著第一道厲害的急流。當時，我在獨木舟的前方，他在後面掌舵。不知道為甚麼，當我們划到濺起白色浪花的水面時，斯托瓦爾決定站起來，於是我們的獨木舟翻倒了。幸好我們沒有淹死，並能夠把船身翻回過來，繼續蕩槳。我的朋友遺失了一件棉毛衫，而我的膝蓋遭割損受傷。在我的左膝蓋上還留下一道小疤痕，它提醒我這次在瓜達魯皮河的狼狽旅程。

生命如一川洪流。很多人跳進生命之河，讓水流慢慢（或有時快速）地把我們拉向下流。身在河中，你不見水流，但是，你知道它總在那裏。你卻不曉得，這個世界的潮流天天不停地影響、控制你生命的航道。你正被流行的事件、流行的觀點、流行的恐懼和流行的挑戰所操控。

最近有一項研究發現，百分之九十八的美國人擁有一台電視機，每台每天平均開啟七小時。另一項調查顯示，百分之四十八的福音派基督徒靠報紙及電視新聞報導作為獲取事件真相（truth）的主要來源，而只有百分之五向屬靈領袖詢問這方面的資訊。只是跟隨文化潮流而走，容讓它把你的生命擊碎在礁石上，你是負擔不起的。

今天的經文鼓勵你藉著以神話語的真理更新思想，好去抵擋世界的制度。若你是不定期往神的話語中尋求真理和方向，在神的眼中，你是不會成功的。這個世界的制度是由以下三個元素來推波助瀾：累增擁有的物質，吸引別人，自我沉迷。相反，神的話語指出，你應該盡心、盡性、盡意，及以身體全人來愛祂，也要愛其他人，如同你愛自己那樣。神呼召你從自私的心態回轉過來，開始服事其他人。你應該向有需要的人供應他們所需，在基督裏尋找自己是得到接納的，以及實踐自我節制。你無法逆流而上，除非你每天透過經文更新思想，信靠聖靈的能力，讓你充滿能量去實踐神的旨意。

檢視你生命的財產清單，思想這個世界的制度是否使你的生命漂流偏離航道。你要確保自己是在神話語的逃生艇上站立得穩，並努力應用祂的永恆真理。祈求聖靈的能力驅策你逆流而上，對抗潮流。

● **進深默想經文**

· 詩篇一篇1至2節

· 詩篇一百一十九篇97至105節

· 約翰福音八章31至32節

用自己的言語來總結這天有關神的話語的靈修重點，在以下空白位置寫下你的想法、感覺或領受：

親愛的神啊，讓我看見在我生命裏，哪裏是我違反祢的話語，只顧順流而行的地方。幫助我從罪裏回轉過來，追求祢賜給我的生命航道。阿們。

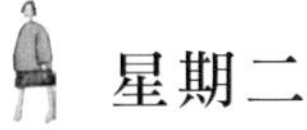

星期二

神的旨意

因為這是神在基督耶穌裏向你們所定的旨意。

——帖撒羅尼迦前書五章18節

你可有為了尋找神對自己生命的旨意而掙扎？祂想你跟誰結婚？祂想你接受甚麼工作？祂想你在哪裏居住？

多年前我面對一個很困難的決定，那是帶來關乎今生的與永恆的結果。我要在生死存亡的決定中領悟神的旨意。我有兩個選擇。如果我選計劃甲，神一定會祝福我。但是如果我選計劃甲，而神希望我選計劃乙的話，那麼我就完全不在祂的旨意裏。沒有經文認同這項決定，所以我迫不得已聆聽聖靈內住的聲音。

在聽的時候，我聽到有一把聲音跟我說：「到溫蒂（Wendy's）吃吧。」你看，我在吃溫蒂漢堡還是麥當勞之間拉扯；我不想錯失祂的帶領而選擇錯誤的地方。當時我對如何察覺神對我生命的旨意的理解是有點離譜。我需要在這個問題上得著如巨無霸般大的紮實教導。

領悟神的旨意不總是容易的，但讓我跟你分享一句可能有幫助的說話：神對你生命定下的旨意是在神的話語中找到的。你每天翻開聖經閱讀，藉此嘗試聽聽神的聲音及辨識祂的帶領，你的大多數問題是能夠迎刃而解的。你看，我們對整個問題的焦慮，是基於人誤解了神的旨意。

神有兩種旨意。第一種旨意是神的主權，是早已決定的旨意，無論如何必定成就。沒有東西可以阻擾神已定下來美好的計劃，而且它必定按照神的時間和方法來施行。就是這樣。第一種旨意也叫做神的隱密旨意（secret will）。神的第二種旨意是祂的道德旨意（moral will）。聖經的六十六章書卷裏清楚向我們啟示了這種旨意。它包括應許、誡命、警告、供應，足以在今生今世引領我們。神的隱密旨意只有祂知道，所以稱為隱密。神的道德旨意是任何人都可以透過閱讀聖經而曉得的。當我們在神的隱密旨意啟示前，想偷偷窺看它，問題便因此而起。我們經常過分熱心地嘗試預計祂的下一步舉動。

底線在於：別擔心神隱密的、早已預定的旨意。只管信靠神會繼續施行祂對你生命定下的計劃，祂會按自己的旨意帶領你，只要你一日復一日復一日地專注服從神的道德旨意。當你知道要依賴神才得著聖潔，並且謙卑尋求按照祂的指引與道德教導生活，你就會走在祂為你生命所定的旨意中。

相比關心地理（知道在哪裏居住）或職業（知道做甚麼工作）方面，神對你生命定下的旨意，是在乎人生中的關係層

面（愛神愛人）。祂今天賜給你的旨意是要你盡心、盡性、盡意，並獻上身體全然愛祂，而且還要如同你愛自己那樣，去愛其他人。神的旨意也是叫你可在祂道德命令的範圍內跟隨你內心的渴望而行。聖奧古斯丁（Saint Augustine）說的最好：「先愛神，才做你想做的事情。」

● 進深默想經文

· 申命記二十九章29節
· 以弗所書一章4至5節
· 帖撒羅尼迦前書四章3至8節

用自己的言語來總結這天有關神的話語的靈修重點，在以下空白位置寫下你的想法、感覺或領受：

天父啊，我接受祢對我的旨意，就是我要沉浸在祢的話語中。求祢教導我順服祢在聖經中的誡命，就是愛祢、愛其他人。阿們。

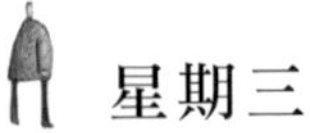

星期三

自我對話

因為他心怎樣思量，他為人就是怎樣。

——箴言二十三章 7 節

有一件事讓我（賓）覺得很羞愧的，就是我念大學一年級時，宿舍的房間混亂不堪。當時的骯髒污穢程度是難以想像的。我的室友把咀嚼煙草時用的「吐滓杯」的渣滓掉在洗滌槽，弄得槽面都是深褐色。滿地是義式薄餅外賣紙盒、麥當勞包裝紙、一團團的廢紙。我們從不換牀鋪，所以上面總是有可樂污漬和鞋子的塵垢。在家長探訪的週末，我到宿舍樓下洗澡，十分鐘後回來，一羣爸爸媽媽擠滿我們的房門口。他們都在訕笑，還向其他家長示意來看看我們的房間亂得有多噁心。

你的心思意念也能夠像我那舊宿舍房間那樣凌亂骯髒。當你不能定期向神認罪，以及不願處理從魔鬼而來的自責思想，你的心思意念就變成最不潔淨的地方。很多時候你陷入屬靈的陋習或不安中，因為你沒有實踐健康的自我對話。

心理學的範疇裏有一項革命性「發現」，那就是我們的思想與態度產生我們的情緒的基本概念。換句話說，外在事件不能使我們感覺到甚麼；更確切的來說，我們對於情況抱著怎樣的信念，會影響到我們如何感受。自我對話比甚麼都來得重要。

當然，神早已經知道這道理，在多個世紀前已經寫下這原則。箴言忠告我們自我對話的重要性。好像哥林多後書那樣鼓勵我們，「又將人所有的心意奪回，使他都順服基督」（十5）。羅馬書也教導我們藉著心意更新而變化。道理顯然易見：你有責任去想叫人振奮的、正確的、純淨的、健康的、鼓舞的事情，最重要的是要思想甚麼是真實的。

鍾馬田（Dr. D. Martyn Llyod-Jones）在成為二十世紀知名佈道家前，是一位卓越的醫生。他說過很多關於保養心思，以及我們如何必須以神的話語跟自己說話的話。

> 我說，我們必須跟自己說話，而不是容許「自我」跟我們說話！你明白這是甚麼意思嗎？我認為靈性低潮這整件事的主要問題，就某一意義來說，是我們容許我們的自我跟我們說話，而不是我們向自我說話。我是在嘗試刻意故弄玄虛嗎？你可知道你生命裏有許多的不快，是由於你聆聽自我的聲音，而不是對自我說話？就拿早上你剛醒來一刻的思想來說。你沒有產生這些思想來，它們卻跟你說話，這些思想把昨

天的問題帶回來，諸如此類。有人在說話。誰跟你說話？你的自我在跟你說話。現在（詩篇作者的）療方是這樣的，不是讓這個自我跟他說話，反之，是他開始跟自我說話。「我的心哪，你為何憂悶？」他問。他的靈魂使他憂鬱，並且壓倒他。於是他站起來說：「我裏面的自己，聽我一會兒，我要跟你說……你為何憂悶？——甚麼事情讓你煩躁？」……然後，你必須繼續提醒自己，神是誰，神是甚麼，神做過甚麼，神誓言自己去做甚麼。提醒自己後，記下這偉大的提要：抗拒自我，抗拒其他人，抗拒魔鬼與整個世界，然後跟這個人說：「因他笑臉幫助我；我還要稱讚他。」

多有力量的概念！跟你自己說話，別讓你自責和擔憂的自我向你說話。今天就嘗試吧。清理你心思意念的宿舍房間。當你感到內疚或憂鬱的時候，藉著向自我傳揚神的愛、力量、臨在等真理，實踐健康的自我對話。祂常與你同在。祂愛你愛到差遣兒子替你受死的地步。

「因為他心怎樣思量，他為人就是怎樣。」當你度過你的日子時，叫自己思想神的思想，你將會有清晰的心思意念。

● **進深默想經文**

· 羅馬書十二章2節

· 哥林多後書十章4至5節

· 腓立比書四章8節

用自己的言語來總結這天有關神的話語的靈修重點，在以下空白位置寫下你的想法、感覺或領受：

主啊，保持我專注在祢話語的真理上，而不是我的感受給我的感染。我是天父深愛的孩子，願在這項真理上，更新我的心思意念。阿們。

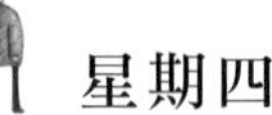

星期四

試 探

耶穌卻回答說：「經上記著說：人活著，不是單靠食物，乃是靠神口裏所出的一切話。」

——馬太福音四章 4 節

試探是普世人類的掙扎。多個世紀以前，一羣屬靈人想到用新方法去對抗性的試探。無論甚麼時候，他們在街上看見有吸引力的女性，便會立即閉上眼睛，向不同的方向走。當然，這些懷著良好意願的男子就不停跑向牆壁、柱子和竹竿，最終被人稱為「流鼻血的法利賽人」。你一定欣賞他們的動機，雖然他們的方法畢竟不夠完美。

每個人每一天都會被某些事物或人所試探。有些人被性欲試探，有些是過度購物和飲食的試探，而有些人是被試探去欺騙。每一天你得要處理試探這回事，而如果你持續地向試探妥協，結果你會落入負面和災難性的後果。

耶穌透過運用五個簡單卻深奧的字的力量，去對付試探。

在馬太福音四章，撒旦三次試探耶穌，每次基督都以這五個字回應：「經上記著說。」大聲說出這幾個字：「經上記著說。」耶穌用這五個字來引入真理，揭穿撒旦的謊言：「經上記著說：人活著，不是單靠食物，乃是靠神口裏所出的一切話。」「經上又記著說：『不可試探主——你的神。』」及「因為經上記著說：當拜主——你的神，單要事奉他。」

我們可以清楚看見耶穌一生靠神的話語得到餵養。祂習慣了透過經文啟示的真理更新心思意念。無疑，基督花上很多小時祈禱、默想、背熟神的律法。當試探流進城鎮，基督準備了以神話語中的真理為自己辯護。

要勝過不停試探你的事物，就要開始背熟神的話語。先在小便條卡寫上有關你特別被試探方面的經文。把這卡放在襯衫的口袋或錢包內，整天裏經常拿出來和讀給自己聽。你甚至可能想大聲朗讀出來（但要肯定你是獨個兒，否則，你可能失去朋友或工作）。複製這卡，把複製品貼在浴室的鏡子上、冰箱門，或你車子的儀器板上。這樣做可經常把神的真理放在你的面前。另一個你可用的方法是讀出經文，錄音記錄，在上班途中再聽。你甚至可以包括「經上記著說」這幾個字，來提醒自己是在引用神的寶貴話語。

不要為了自己受到試探而自責。被犯罪的思想或欲念試探不是罪，把它們實行出來才是罪。快去找這奇妙的力量，藉著神的寶貴話語去敵擋試探。

● **進深默想經文**

· 詩篇一百一十九篇11節

· 馬太福音四章1至11節

· 希伯來書四章12節

用自己的言語來總結這天有關神的話語的靈修重點，在以下空白位置寫下你的想法、感覺或領受：

親愛的神啊，求祢教導我靠著祢的聖言來滋養自己，好叫我在信心的爭戰中剛強。幫助我默想祢的話語，敵擋我生命中的試探。阿們。

星期五

只管做吧

只是你們要行道，不要單單聽道，自己欺哄自己。

——雅各書一章22節

米克（Mike）喜愛戴自攜式水中呼吸器潛水。他在運動用品大型零售店買了一本一千五百頁厚的書《潛水百科全書》。每天早上六點正，米克從牀邊小桌子拿起這本潛水書拼命啃。他總有一筆在手，在很有啟發性的句子或段落畫上底線或在書沿記下星號。星期四晚上，米克在寓所裏面與一羣朋友討論一切他們學過有關潛水的事情。星期日，他們穿上潛水衣，戴上潛水面罩和氧氣筒，直往海灘。他們愛看滑浪健兒乘浪滑行，他們還特別愛看涉水捕魚的漁夫。

如果你走近與老友們坐在沙灘上的米克，問他：「你曾否戴自攜式水中呼吸器潛水？」他可能回答：「當然，我每天都在這本《潛水百科全書》中玩潛水。星期四，我們在我家聚會，說我們那個星期學過的見解。而我們每個星期日也出來這個沙灘，更近距離的看看海的美麗。」

你認識多少個基督徒好像米克那樣？他們每天讀經，每星期有小組聚會，星期日裝出最好的狀態出現教會。他們讀經多，認識很多聖經道理，也常與其他信徒往來，但是他們的生活與別人沒有不同。雅各書鼓勵你把信心實踐，化作行動。

太多人每個禮拜光坐著聽神的話語，而沒有做出與其相干的事情。沒有行為的信心根本不是信心。它是死的。雅各說：「不要只聽神的話語，你要做神告訴你去做的事情。」

神在哥林多後書六章14節給了單身基督徒一項清晰透徹的誡命：「你們和不信的原不相配，不要同負一軛。」在哥林多前書七章裏，祂告訴單身信徒，他們是可以自由地跟任何一個在基督裏的人結婚。對於我們約會或嫁娶信仰以外的人，聖經並不留有妥協的餘地。

那麼，你怎樣能夠分辨某個人是否真正跟隨基督？肯定的標記是，真正的基督徒是說出合宜的說話及行出合宜的事情，行事為人符合信仰的。一個愛基督的人渴慕積極參與教會事工。在男女關係中保守兩性之間的純潔。並且，這個人會生出聖靈果子：仁愛、喜樂、和平、忍耐、恩慈、信實、溫柔、節制。這個人服事你，聆聽你，以尊重的態度來待你。

以上一段是否描述了現在跟你約會的對象呢？這份清單又是否描述你呢？在閱讀和查考聖經後，你必須按照你所讀的內容來行動。如果你不行動，沒有按照神的話語來做的話，那麼，你只是像米克那樣，是個坐而不行的潛水理論者。實行今天神對你說過的話語，仰賴祂的靈，你會更像基督。

● **進深默想經文**

· 雅各書二章14至25節
· 馬太福音七章21至26節
· 路加福音六章46至49節

用自己的言語來總結這天有關神的話語的靈修重點，在以下空白位置寫下你的想法、感覺或領受：

我們在天上的父，求祢赦免我錯誤地以為理解聖經知識是順從祢的話語。今天賜我力量來作基督的真正追隨者，活出祢藉著聖言給我的清晰指引。阿們。

祈 禱

親愛的神：

祢是強壯又滿有能力的。祢是聖潔和潔淨的。沒有其他神在祢之上。主啊，祢知道我在甚麼時候坐下，甚麼時候起來。甚至在我發聲前，祢已經知道我要說甚麼。在我出生之前，祢已經為我生命的每天計劃好。祢無處不在。

神啊，祢是多麼恩慈，賜給我們聖經，這是惟一的真實記載，關於祢是誰，以及祢如何藉著祢愛子耶穌基督給我們認識祢的途徑。感謝祢，在我研讀和應用祢給我生命的話語後，讓我領受從祢而來的應許和能力。求祢每日教導我聖經的內容，以及如何在職場和人際關係中實踐出來。求祢幫助我把祢的真理深藏我心，在面對試探的時候賜給我能力。

求祢給我勤奮的心堅持閱讀祢的話語，讓我在翻頁之間，尋找到祢對我生命的旨意。我宣告，祢的話語是真實的、正確的、純淨的。求祢讓我在沉浸於經文的時候，藉著聖靈的能力，我的心思意念得到改造。我向祢祈禱，我要學習靠著聖經裏的應許而得到靈性上的餵養，好叫祢的話語真實地成為我的靈糧。

奉主耶穌的名字祈求。阿們。

禱告札記

讚美敬拜：

認罪悔改：

感謝：

祈求：

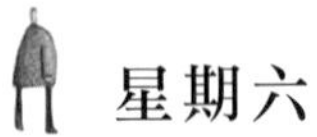

星期六

聖言的根基

今天我們邀請你和伴侶找一個舒適平靜的地方，來討論關於「神的話語」這題目。目的是提出問題，以憐憫的心傾聽，互相分享體悟本週題目的經驗。謹記這不是爭辯或是議論神學觀點的時候。這是以彼此支持與鼓勵的精神來聆聽、尋求明白對方的時刻。最終，這次勇敢的相聚是希望你們二人建立靈裏親密更堅固的根基。

這個星期我們探索了為甚麼你需要以神的話語充滿心靈和思想的不同原因。我們已經激發你去思考，神的教導在幫助你於世界制度中逆流而上的價值。你也意識到健康、敬虔的自我對話的重要。讓你的思想充滿經文和神的真理，這對你的肉身、情緒和靈性的健康產生重大的影響。最重要的，你認識到神的話語就是領導你、指引你的基本管道。

● **討論問題：**

1. 你是否在固定時間和地方默想神的話語？

2. 你們怎樣彼此激勵對方定期讀經？

3. 甚麼是你研讀神話語的最大障礙？

4. 討論你們各自藉著聖言而「使心意更新」的具體方法。

5. 向伴侶說出你在發現神的旨意的經歷裏，遇到甚麼困難。你對經文的看法如何幫助你領悟神的旨意？

6. 關於本週題目，你還有甚麼想跟對方分享呢？

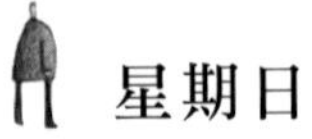

星期日

月　　日

講道筆記：

分享領受：

第五週

一切從簡是深諳世故之極至。

—— 達文西（Leonardo Da Vinci）

生命是多個片刻的延續，

每活一刻即延續生命。

——肯特（Corita Kent）

簡樸是自由。

——傅士德

簡約即美。

—— 無名氏

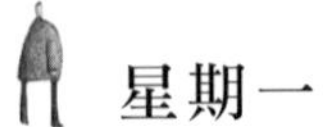

星期一

快些、快些、快些

不要為自己積儹財寶在地上……因為你的財寶在哪裏，你的心也在那裏。

——馬太福音六章19、21節

法蘭克（Frank）出身自昌盛的巨富之家，享受世間一切的玩樂。他認識顯赫人士，過著放縱奢華的生活。一天，二十七歲的他坐在教堂裏，聽到神呼召他去傳道的聲音。就在教堂的會眾中間，他站起來，脫下衣服交給父親，赤條條的走出教堂，迎向貧窮、簡樸、苦行的生活。你可能認識他的另一個名字——亞西西的聖法蘭西斯（Saint Francis of Assisi），一位中世紀為主所愛的聖人。嗯，這固然是一種建立簡樸生活的方法，對於我們這個步伐急速、消費至上的文化來說，他這樣做看起來是挺吸引的，可你別在自己的教會裏面這樣做。總有其他更好的方法。

在人類的歷史中，對簡樸生活的需求從未如此那麼殷切，我想，這樣說可能會惹起爭論。最近有一項研究顯示，大多數美國成年人愈發找尋簡化生活的方法。我們焦慮、被壓得透不過氣來、過度工作，而我們大概無法說不！我們不僅活在快車道上，還似乎在加速步伐呢。葛雷克（James Gleick）在他的《毫秒必爭》（*Faster*）一書裏說：「若要用一項特點來界定我們現代以技術掛帥的年代，那就是加快速度。我們製造匆忙。電腦、電影、性生活、禱告——全是前所未有的那麼快速。愈把省時設計和省時策略填滿生活，我們愈會感到生活匆促。」（編按：按引文重譯）

這豈不是諷刺嘛！我們變成反應快、事務繁多、不斷選台、快速播放、即時滿足的人種。更多衣服、更多金錢、更多東西、更多旅行、更多計劃、更多、更多、更多。而我們要更快、更快、更快去擁有。我們是許多現代高科技精品與「奢侈品」的奴隸，這樣做結論相信也尚算公平。傅士德在《屬靈操練禮讚》說：「簡樸是自由。複雜是捆綁。簡樸帶來喜樂平衡。複雜帶來焦慮恐懼。」（編按：按引文重譯）那麼你呢？你正經歷個人的自由、內在的喜樂和平衡的生命，或是你渴望一切從簡呢？

建立簡樸的生命必須從我們裏面開始。由心出發，最後才有外在的彰顯。我們經常先從外在著手才向內推動，因而連連倒退。有時候，我們開始放棄某些行為和責任，裏面卻毫無改變，最終徒然產生自以為撒手捨棄擁有物、財富或甚至繁忙日程的幻象。

一切真正的簡樸是從單一的人生目標開始。你必須決志，把活出的生命建立於一個與主相連的目標。羅馬書向我們指示了生命的宏大目標。你是被呼召來到這個世界，卻不是被召來歸屬於這個世界。當你偏離神的時候，你被這個世界吸引，也喪失了瞄準單一目標的眼界。

你的優先次序應該是與別不同的。你的洞察力是屬乎永恆的，也應該根據神的標準來界定成功。結果，你作為基督徒的主要目標就是凡事榮耀神！你為祂而活，你敬拜祂，你祈求自己凡事順從祂。你的單一目標是活出神的樣式。祂是得著簡樸生活的出發點。

● 進深默想經文

· 傳道書三章12至13節

· 腓立比書四章6至8節

· 希伯來書十三章5節

用自己的言語來總結這天關於生活從簡的靈修重點，在以下空白位置寫下你的想法、感覺或領受：

親愛的神啊，求祢幫助我欣賞對簡樸生活的需要。給我改變生活模式和態度的勇氣，好讓我的生活更加簡樸。阿們。

星期二

稍停鬆弛

你們要先求他的國和他的義，這些東西都要加給你們了。

——馬太福音六章33節

你不見鑰匙的時候，是否覺得很煩厭？就好像我（撒母耳）最近一天走出家門，才發現自己沒有帶鑰匙。我將要遲到一個重要的會議。我要做事見人。但是我不僅掉失家門鑰匙，還有車子、辦公室、檔案的鑰匙。沒有這些鑰匙，我動彈不得，求助無門。我這迅速世界突然之間來個急煞停頓。我必須重新排列優先次序，而我被另一份新的熱情弄得心神疲勞——我得要找鑰匙。看來這是簡單的任務——找我那些毫不重要、備受冷落的鑰匙——現在卻變成我今天必須執行的一部分。

神在我們的生命中也很像我們的鑰匙——經常被忽略、備受冷落、斷然被視為理所當然的。可是，在於我們的生命，祂的同在是不可或缺的，沒有祂，我們的忙碌日程也被打住。耶穌提醒我們，在我們生命中的一切事情裏，我們先要尋求祂（太六33）。

希臘文的「尋求」（“seek”）一詞在字面上可被翻譯成：「在爭取及／或尋覓的連續過程中」。換句話說，我們應該不停為神的計劃和優先次序而奮鬥。有一段長時間，我把這節經文錯誤詮釋，誤以為我可以先為神做一些「屬靈」的事情（例如天亮前靈修），然後根據自己的行事曆，在當天的其餘時間做自己的事。真是極大的誤解！我完全會錯意了。

保持這些優先次序位置的最有效方法是捨棄你自己——你的生命、工作、你的一切——每天交到神的手中。毫不出奇，你一定會輕鬆安排每天日程。為了達到效果，每天清晨你以這態度來說：「神啊，我願意放下自己的願望、欲望、目標、夢想、自尊、名譽、意志，如果這一切不能符合祢心意的話。主啊，今日我接受祢為我而定下的願望、欲望、目標和夢想。」

當然，很多時候你的目標與欲望是與神一致的。祂把這些放在你心！你深深相信神在你的生命中動工，賜予你崇高的人生目標，便可以成功建立這種捨己的態度。你要認識神是掌權的，並最終控制一切。你要有信心，神甚至介入看來很困難或負面的情況，而一切也是神所「命定」的。也要相信祂容許一切先經過祂的手才臨到你身上。祂是與你同在契合，留心你生命中的每一細節，又按祂的旨意成就萬事。羅馬書八章28節向我們保證：「我們曉得萬事都互相效力，叫愛神的人得益處，就是按他旨意被召的人。」

當你重新排列優先次序，願意放棄自己的行事曆，你便不需要急於獲取功名權力和擁有一切。肯定你漸漸可擺脫瑣碎活動、非必要的事務和超出負荷的責任。你清楚知道及專注於必須做的事情。最重要，你經歷內在的平安和免於苦惱。換句話說，一般令你擔心的東西將會擱在無關痛癢的位置。你憂慮金錢、飲食、穿著、財務上或情緒上的安全感、要實踐目標、名譽或任何教你擔心的東西嗎？你渴望一切從簡嗎？若是的話，先尋求神的國度，這一切東西自有神為你打點。

● 進深默想經文

- 以賽亞書二十六章3節
- 馬太福音六章25至34節
- 歌羅西書三章1至2節

用自己的言語來總結這天關於生活從簡的靈修重點，在以下空白位置寫下你的想法、感覺或領受：

主啊，求祢幫助我，在我一切要做的事情中，先尋求祢。求祢給我敬虔的目光，幫助我重新排列自己的優先次序，好叫一切以祢為先。阿們。

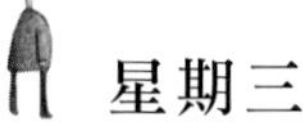

星期三

只要多一點！

一個人不能事奉兩個主；不是惡這個、愛那個，就是重這個、輕那個。你們不能又事奉神，又事奉瑪門（瑪門：財利的意思）。

——馬太福音六章24節

有人問億萬富翁洛克菲勒（Nelson Rockefeller）有多少錢財才能夠令一個人滿足。他回答：「只要多一點！」你看出人的掙扎嗎？我們有時候都是這樣的。看起來我們甚少滿足於我們所有的東西。也許，在撒旦最有破壞力的謊言中，其中有一個觀念就是外在的東西（金錢、擁有物質）能夠滿足心靈深處的渴求。這樣的想法使我們永遠不停地索求更多、更大、更好的。

事實上，惟有基督才能夠替我們靈魂的深處解渴。生活中沒有基督為中心，我們會花掉許多情緒和肉體的精力，以我們手頭上永不夠用的金錢，買下一些不必要的東西，目的是為了討好我們甚至不喜歡的人。

你可知道聖經談及金錢和經濟的問題，比其他題目還要多？耶穌在三年傳道的日子裏，很多時候是公開反對當時的物質主義。祂向一羣非常簡樸的農業社會的人民說話，相比我們的標準，他們未必談得上是富裕或物質主義的，這是不是叫人不禁好奇呢？我們豈不更要留心聖經論及金錢、物質主義的意見和勸告嗎？馬太福音六章24節不是很深奧的暗示，這節經文指出金錢能夠成為你的神。祂清晰地指出，金錢本身有可能被人當作偶像來事奉。而基督現在要你——和每一個人——每天二擇其一。你不能兩者兼得。

關鍵是甚麼呢？那就是每天保持感恩的態度。當基督充滿你的靈，而你重新把焦點放在祂早已祝福你的東西上，這樣，你開始了感恩的過程。讚美神給你的拯救，以及在你心靈裏面又滿足你各樣需要的基督。讚美神賜給你生命、健康和讓你體驗生命中不同方面的味覺、觸覺、嗅覺、視覺、聽覺。按名稱，稱謝神給你恩賜、才幹和技能。為了大自然的美，你早上觀看的日出，上班時享受的景緻而感謝神。感謝神賜你友誼，以及你在每段關係裏可經歷的愛。

你可有留意到以上羅列的事物的奇怪之處嗎？你可會欣賞到它們的共同點？沒有一項是我們可以擁有的物質。它們本是一文不值，卻又源源不絕供應我們。實際上，這些東西是最有價值的，為人帶來最多的快樂與滿足，它們全都是神賜予我們的禮物。

● 進深默想經文

· 詩篇三十七篇16節

· 腓立比書四章11至19節

· 提摩太前書六章6至11節

用自己的言語來總結這天關於生活從簡的靈修重點，在以下空白位置寫下你的想法、感覺或領受：

天父，我為到自己貪愛金錢，被物質主義所迷惑而認罪悔改。求祢幫助我認識到，只有祢才能滿足我靈魂深處的渴求。阿們。

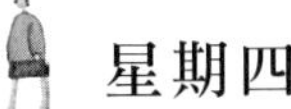

星期四

時鐘滴答

你們曉得現今就是該趁早睡醒的時候；因為我們得救，現今比初信的時候更近了。黑夜已深，白晝將近；我們就當脫去暗昧的行為……總要披戴主耶穌基督……

——羅馬書十三章11至12、14節

試想像醫生向你宣佈，你只有六個月壽命。閉上眼睛六十秒，自己代入這個情況，等候內心的思想與感受湧現。除了其他事物，我敢說，你的眼界改變了，價值觀也轉移了。當我們代入這個處境，突然之間，那些非常要緊的東西好像水中幻影。你有甚麼想法冒起？也許你想到自己所愛的人，而你需要申明你自己對他們的愛。或者你想到投資永恆或你與神的關係的力量。無論如何，發覺到你今生的生命有一個明確的盡頭，這項意念給你有關最要緊事情的洞察力和迫切感。

已故美國福音派神學家薛華（Francis Schaeffer）曾經認為：「生命如沒有時分秒針的時鐘；你聽見它的滴答聲，卻不曉得是幾點鐘了。」沒錯。在你靈魂深幽之底的某處，你意識到歲月不留人，死亡多麼近，你只不過不知道甚麼時候離開世界。保羅在羅馬書十三章裏面告訴我們，我們應該好像在生命盡頭那樣過活。他說，我們不應該被日常的責任預先佔據，從而失去遠大的目光。沒有永恆的洞察力，我們就像睡了那樣活著。保羅催促我們醒過來！

當你只聽到時鐘滴答聲響，怎樣能夠建立這份永恆的洞察力呢？有兩點是必須的。首先，提醒自己，今日是給你保證生存的惟一一天。昨日之日不可留。明日也許永不來。羅賓威廉斯（Robin Williams）在電影《暴雨驕陽》（*Dead Poets Society*）強調了這一點。他扮演一名私校的教授，以「惜取今日」（"*Carpe diem*"）這句話來鼓勵學生。他是對的。我們要用心開始活於當下，充分活出今天的豐盛，謹記我們在每一天獲贈獨一的機會來增添永恆的特殊意義。

第二，為自己披戴基督。那是保羅談到讓基督透過你來活出祂的生命的說法。你穿上衣服，它就成為你當天的一部分。它反映你選擇怎樣向世界表達自己。同樣，你得到鼓勵披戴基督，使祂如衣飾那樣掛在你身，而你可以在世上向周圍的人展現基督的特質。

在加拉太書三章27節，保羅宣告：「你們受洗歸入基督的」都已是「披戴基督了」。我的七歲兒子在教堂前的大水池受洗。當牧師把他按到水中的時候（我們由頭到腳把整個人浸在水中），他說：「與基督同死同埋葬，起來一舉一動有新生的樣式。」我的兒子從水中起來時，大聲叫：「哇，真好玩！好想每天都這樣做！」從另一意義來說，這正是我們生命中每個早上都應該有的反應。若以比喻來形容，我們投進浸禮池，把自己埋葬在救贖的水中，然後浮現一個新人來，並且披戴基督。

需要一些洞察力嗎？你想每天為要緊的事情而活嗎？接受保羅的意見。提醒自己，主來的日子更近了。讓生命對要緊的事情，帶著一分迫切感。披戴基督，讓主藉著你活出祂的生命。惜取今日！

● 進深默想經文

· 羅馬書十三章11至14節

· 哥林多後書五章17節

· 以弗所書四章22至24節

用自己的言語來總結這天關於生活從簡的靈修重點，在以下空白位置寫下你的想法、感覺或領受：

神啊，我承認有時候我活得好像這生命是沒完沒了似的。求祢幫助我善用每天，又給我永恆的洞察力。阿們。

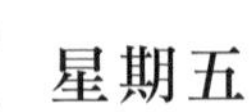

星期五

在主跟前坐下來

馬大！馬大！你為許多的事思慮煩擾，但是不可少的只有一件；馬利亞已經選擇那上好的福分，是不能奪去的。

——路加福音十章41至42節

「嗨，你好嗎？」「哦，不錯耶。只是有點忙。忙、忙、忙。你知道囉，排得滿滿的日程表，有很多會議，要見的人和要去的地方！」相信在過去二十四小時內，你曾經跟別人那樣對話。每個人看來都忙著。甚至沒有工作的懶惰人，整天坐著看清談節目，也會跟你說他很忙（看電視）。為甚麼會這樣的呢？因為我們活在一個重視忙碌的時代與文化中。我們為工作狂鼓掌。忙碌代表有價值、有成就和重要。這不是發瘋還會是甚麼呢？更糟糕的是保持忙碌的動力，驅使我們對重要事情的注意力分散。

路加福音十章馬大和馬利亞的故事，展示一個如何避免「繁忙」陷阱的好例子。這故事關於基督進到這兩姊妹的家中，預備吃晚飯。其中的姊妹馬大在廚房裏忙著，因各樣的預備功夫分心。另一個姊妹馬利亞卻坐在耶穌的腳前，聆聽祂說話。馬大為基督操勞，而馬利亞善用時間，謙卑來到主的腳前坐下來，因為她知道主與她同在。對那些渴望過簡樸生活的人來說，這個簡單的故事是意味深長的。

因為我們活在一個注意力不集中的年代，容易受到靈性狂熱的折磨——為神而過度活躍。甚至最有善意的人也會被「宗教」——出席會議，參與委員會，為基督募捐，實行各種事工計劃——霸佔而分心。他們為宗教虔誠而參加活動，奉神的名做事，可是失落了更高的呼召。馬大向基督投訴自己的姊妹沒有幫助她伺候主，留意耶穌基督怎樣回答：「馬大！你為許多的事思慮煩擾，但只有很少事情是必須的。實際上，只有一件。馬利亞已經選擇那上好的福分，是不能奪去的。」

耶穌很清楚地說明，你能夠做到的、最需要的事情，就是學習坐在主的腳前，聆聽祂的話語。神並不一定需要你為祂做任何事情。祂不需要你的時間、事奉、金錢，或才能去成就祂的旨意。祂想要你的心聲和熱愛。然後你可以自由地參與神已動工的事情。若你是過分擴張，到處匆忙，甚至為神而忙著「幹」，那麼，別僅嘗試找令自己慢下來的方法。倒不如停一停，坐在我們的主跟前。你會挑上「上好的」選擇。

● **進深默想經文**

· 馬太福音十一章28至30節

· 路加福音十章38至42節

· 腓立比書三章7至9節

用自己的言語來總結這天關於生活從簡的靈修重點，在以下空白位置寫下你的想法、感覺或領受：

親愛的天父，求祢讓我學習經常停下來，只聽祢的聲音。幫助我體會到坐在祢跟前的快樂。阿們。

祈 禱

親愛的神：

感謝祢總是在我左右，甚至當我為很多事情忙碌，忘記把祢放在生命首位的時候。我要讚美祢，祢是萬事萬物的神，也掌管所有佔據我心靈的、使我擔憂的東西。

我要認罪，我忙著做太多事情，把其他東西擱在我與祢的關係和時間之上。求祢幫助我重新排列我的優先次序，先要尋求祢，不依世界的，而是依祢國度的旨意和價值，活出我的生命。主啊，幫助我看到生活中的錯誤次序。請祢給我看見，要從生命中捨棄甚麼東西、活動和人，以及在哪裏可以用上我的時間和努力。

感謝祢，賜我生命中的一切祝福：我的家庭、朋友、教會肢體，還有最重要的，是我藉著耶穌基督而與祢連結的關係。我感謝祢，因祢聽我的禱告，幫助我成長，愈來愈像基督的門徒，這是我所期盼的。

奉主耶穌的名字祈求。阿們。

禱告札記

讚美敬拜：

認罪悔改：

感謝：

祈求：

星期六

生活從簡的根基

今天我們邀請你和伴侶預留時間給二人相處。我們特別鼓勵你們找一個舒適平靜的地方，來討論關於「生活從簡」的題目。謹記你們的目的是提出問題，以憐憫的心傾聽，互相分享體悟本週題目的經驗。這是以彼此支持與鼓勵的精神來聆聽、尋求明白對方的時刻。最終，這次勇敢的相聚是希望你們二人建立靈裏親密更堅固的根基。

這個星期我們思想了生活簡樸的重要性，以及這項操練是從人內在的實體開始的。你學習到簡樸生活包括為單一目標而活，永恆的洞察力，對重要事情的迫切感。你也學習到，把生活節奏放慢下來，細想社會步伐和對金錢的全神貫注怎樣影響你。你得著鼓勵，讓基督滿足你對意義與目的最深的渴求，也培養因為神賜予你禮物而感恩的態度。跟你的伴侶討論你對以下問題的答案。

● **討論問題：**

1. 你渴求一切從簡的生活嗎？

2. 對馬太福音六章33節中「先求他的國」，你的版本是怎樣的？或你有怎樣的詮釋？

3. 你們可以怎樣彼此鼓勵去重新建立優先次序和洞察力？

4. 你可以怎樣做，實際的來說，簡化你的生命或關係？

5. 你會考慮在週末退修，重建你的優先次序和洞察力嗎？

6. 更詳細地談談你對金錢、物質主義、貪心、性欲的掙扎。有甚麼東西成為了你的偶像？

7. 你們可以怎樣彼此激勵，去過更簡樸的生活？

8. 你會怎樣簡化你們的關係？

9. 對於達至更加簡樸，你有甚麼提議？

10. 簡樸生活的操練怎樣可以鞏固你們一起的關係呢？

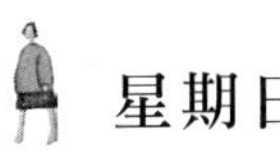

星期日

月　　日

講道筆記：

分享領受：

第六週

人皆犯錯，聖者赦罪。

——波普（Alexander Pope）

饒恕叫我們省卻怒氣的損耗，憎恨的重價，精力的浪費。

——無名氏

饒恕是愛的最溫柔部分。

——雪菲爾（John Sheffield）

饒恕乃神之誡命。

—— 馬丁路德

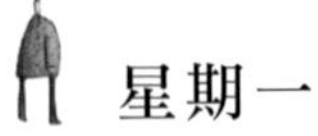

星期一

徹底的饒恕

你們饒恕人的過犯，你們的天父也必饒恕你們的過犯。

——馬太福音六章14節

耶穌基督是一個貫徹到底的人。祂說話徹底，做事徹底。基督曾說過最具挑戰性的觀念中，其中有一項是關於饒恕。耶穌說，你要饒恕那些曾經對待你極差的人。夠了吧，但是祂還繼續說，如果當某人傷害你而你不饒恕他的話，天父也不會饒恕你。說話多麼徹底！

多年來，我們企圖透過希臘原文或翻查釋經書，努力淡化或柔化這節經文的真正意思，只是我們無法逃避這些猛力衝擊信徒的文字。你怎能饒恕那些對你很差，踐踏過你心的人呢？要徹底饒恕人，關鍵在於先要承認自己是被徹底饒恕的。不饒恕別人的人是一個不被饒恕的人，因此，除非你按真理領受神賜予的饒恕，否則，你是不能饒恕別人的。

幸好，耶穌不光是說話徹底；實際上，祂是把這些話語活出來。當你翻開聖經，會看到其中生動描述耶穌基督饒恕人的罪。在約翰福音四章，祂在水井旁遇到一個女人，並告訴她在哪裏找到活水。這名女士嫁過五次，現在跟另一個男人同居。基督賜予寬恕與生命給這個極度需要真愛的女人，而她因為這次與基督的相遇，整個生命得著更新。如此徹底的饒恕。

你大概記得被人捉姦在牀的女人，在這個故事裏面，她被放在眾宗教領袖前，他們威脅要扔石頭打死她，因為她幹出不道德行為。他們說：「耶穌，根據律法，我們一定要殺死她！你有甚麼話說？」基督說：「你們當中誰不曾好色貪求的，就向這個女人擲第一塊石頭。」那些自義的人慢慢放下石頭，走開，最後只剩下耶穌和那個被人捉姦在牀的女人留下來。她恐懼顫抖，像母腹中的胎兒蜷起來，等候這位「判官」的第一個衝擊，當耶穌問：「女人，你的原告呢？那些要聲討你的人在哪裏？」到這個時候，我們可以想像，她直看耶穌基督的雙眼，這位神的兒子，只有祂才有資格譴責她。祂說：「他們都走了，不會聲討你了，我也不譴責你。走吧，不要再犯罪了。」（參約八章）如此徹底的饒恕。

彼得說，他永不否認基督。彼得被稱為基石，是一位觸目耀眼的門徒，他在水面上走過，在眾人還糊塗的時候，宣告耶穌真正的身分。他熱烈地宣告，其他人會懦弱退縮，但自己永不會否認主。我們都知道後來發生甚麼事情。當基督被當權者帶走，受到審判，彼得不止一次否認耶穌，不僅兩次，而是三次。在耶穌最需要彼得的時候，他像縮頭烏龜那樣與自己的主脫離關係。你能否想像彼得必定承擔了多少罪愆與羞愧嗎？他在關鍵時刻遺棄神的兒子。在最需要公道說話的時候，彼得說不出話來。但是，神給我們的大好信息是，耶穌復活之後，完全饒恕彼得，而彼得之後成為教會的重要領袖。如此徹底的饒恕。

今天，耶穌基督向你賜予祂的饒恕。祂不指控你的罪，倒藉著在十字架上犧牲自己的死亡饒恕你，洗淨你所有的罪。也許你是一個不錯的罪人，但基督是偉大的饒恕者！把你自己代入聖經裏經歷了全然得饒恕的男男女女中。你犯的罪，沒有不能被耶穌基督的寶血所赦免的。今天來到神面前得著潔淨。容讓祂的赦免進入你的生命，好叫你也可以成為徹底的饒恕者。

● **進深默想經文**

· 馬太福音十八章21至35節
· 馬可福音十一章24至26節
· 耶利米書三十一章34節

用自己的言語來總結這天關於饒恕的靈修重點，在以下空白位置寫下你的想法、感覺或領受：

親愛的主啊，求祢幫助我明白自己的罪有多深，也幫助我從祢那裏領受更深、更廣的赦免。讓我以後留心這兩項真理，好叫我能夠饒恕那些得罪我的人。阿們。

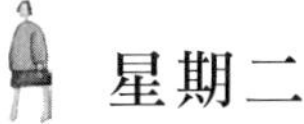

星期二

饒恕就是自由

主怎樣饒恕了你們，你們也要怎樣饒恕人。

——歌羅西書三章13節

幻想你與自己的殺父仇人面對面。不久前，這就發生在我（撒母耳）的好朋友身上。他找到機會走進監獄，花時間探訪被裁定殺死他父親——一個毫無意義的殘暴行為——的那個人。你會跟他說甚麼？你會向他說出心中所想嗎？你會讓他聽嗎？我的朋友沒有這樣做。藉著聖靈的能力，他確實找到饒恕這個人的勇氣，甚至帶領他得著基督的救贖。

我不肯定自己有沒有這份膽量做這樣勇敢的事情。呵，真的，我的朋友擁有「合法權利」恨這個人及甚至報仇，但是他明白到，醫治惟有從饒恕而來。這件真人真事說明了饒恕的奇妙力量，並強調饒恕才是惟一真確的選擇這事實，哪管對方如何得罪你。

通常為要報復，我們墮進懷恨或要得罪自己的人不好過的陷阱。我們假設自己的憤怒和復仇姿態是跟對方扯平的正當合理方法，像要把對方扣押著那樣。惟一的問題是，我們吞納憤怒、怨恨、苦毒、憎惡的時候，我們自己才是被扣押的人質。

不肯饒恕的靈把你捆綁，影響到你身體、情緒與靈性三方面。很多人因為裏面的憎惡與苦毒，身體出現毛病。一些醫生甚至指出，一些如癌症的惡疾，是與長期糾纏不清的憤怒有關係的。

拒絕饒恕也可以影響你情緒的健康。滿腦子復仇的思想，或腦海裏佔據著要懲罰冒犯者的想法，是會影響你的心態，並引起苦惱的情緒。

一些人花上很多時間和心力來埋怨和憎恨那些得罪自己的人。史密德（Lewis Smedes）在《饒恕的藝術》（*The Art of Forgiving*）說：「當我們饒恕別人，便改變了一條蜿蜒河流的河道，假若我們容許，這河會帶我們在憶及傷害與空自狂暴的、漫無目的的無盡水流中浮沉。」

當然，不饒恕別人也影響到你和神的關係。在心底裏，你知道神已經饒恕你，而你也會犯上類似那些你不能饒恕的過錯。拒絕放手和饒恕會引至罪惡感產生，以及人神關係受損。你是否容易懷恨，很難釋放傷痛呢？你被憎恨囚禁？你往往是懷有不肯饒恕的靈？別容許自己相信「大家扯平就更好了」的謊言。相反，迎入醫治往昔傷口的力量，並且選擇饒恕別人。記得，饒恕就是自由。

● 進深默想經文

· 希伯來書八章11至13節

· 約翰一書一章8至10節

· 以賽亞書一章18節

· 路加福音二十三章34節

用自己的言語來總結這天關於饒恕的靈修重點，在以下空白位置寫下你的想法、感覺或領受：

天父啊，讓我想起我所蔑視與拒絕饒恕的人。幫助我釋放得罪我的人，從糾纏的憤怒和苦毒的捆綁中救拔我。求祢教導我饒恕別人，就好像祢已經饒恕我那樣。阿們。

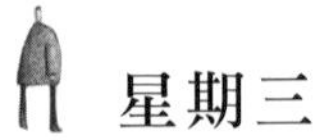

星期三

饒恕不是……

生氣卻不要犯罪；不可含怒到日落。

——以弗所書四章26節

艾力（Eric）心裏發誓永遠不會饒恕往日最好的朋友堅尼（Kenny）。堅尼曾出賣艾力對他的信任，永遠深深地傷害了他。艾力恐怕饒恕堅尼會姑息他的過犯，使他脫身。這個世界很多人就好像艾力那樣。他們猶疑不已，仍然怨恨，拒絕饒恕叫自己委屈的人，因為他們沒有完全認識饒恕的真理。讓我們看看一些經典的誤解，它們把人牢籠在傷痛與憤怒的循環中。

你可有聽見過一些人說「嗯，除非你已經忘記，否則還沒有真正饒恕某個人；你一定要饒恕和忘記」嗎？很多時候，忘記過往的傷害與傷痕是不可能的。遺忘是一種腦部的損傷！惟獨神有能力「忘掉」我們的過犯。在詩篇裏，我們認識到，神抹掉我們的過犯（從祂的意念），如從東至西那麼遠。但我們沒有超自然的能力去忘記不快，其實我們也不應該這樣想。事實上，我們相信，記得那些別人得罪自己的過犯是真正邁向醫治的第一步。

去饒恕不是找藉口，姑息或忍受那些過錯。一些人恐怕饒恕是容忍過犯或傳遞出發生了的事情沒甚麼大不了的信息。這就是艾力的困惑。他覺得如果自己饒恕堅尼，就是把這件事情掃進地毯下，淡化了自己遭受的痛苦。聖經教導我們可以憤怒，但是不可以犯罪。我們受到委屈的時候生氣是可以的，甚至是正當合理的。

在你本著「發怒而不犯罪」的觀念，容許自己完全承認那些傷害及其衍生的後果的時候，你面對事情的真實。除此之外，你不必在饒恕冒犯者後，叫自己招致更多的傷害。

饒恕不一定指需要跟冒犯者復和。我們遇過許多人，他們相信真心饒恕某人，便有責任與這個人和好。讓我們記得，饒恕本是為了你自己的好處而作的，是你為了裏面的自己所做的工夫。饒恕是單向的；復和卻是雙向的。有些情況，復和不是理想的或甚至是不可以實現的。

我們鼓勵你去想想自己如何設想饒恕的本質。嘗試釐清你心中錯誤的信念，祈求神啟發你對饒恕的價值有嶄新的看法和感謝的心。別讓一天過去，卻沒思量饒恕別人的需要。

● 進深默想經文

· 詩篇七十九篇8至10節

· 路加福音十七章1至4節

· 詩篇一百零三篇11至12節

用自己的言語來總結這天關於饒恕的靈修重點，在以下空白位置寫下你的想法、感覺或領受：

神啊，求祢幫助我懂得欣賞饒恕的價值和真正意義。感謝祢，叫我們能夠釋放我們的過錯和傷害，把它們交託給祢。阿們。

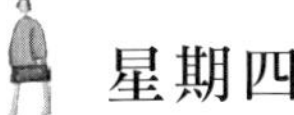

星期四

如何饒恕

並要以恩慈相待，存憐憫的心，彼此饒恕，正如神在基督裏饒恕了你們一樣。

——以弗所書四章32節

范史東（Dorie Van Stone）深明饒恕的醫治力量。小時候，她被父親遺棄，遭母親虐打。最後，在四個不同的寄養家庭裏受到傷害，繼續被虐打，也甚至遭到性騷擾。有些人經歷如此嚴重的創傷，可能會耗上終生憤怒、孤獨與懼怕，並且致力替這些不公義的事情說理。范史東卻不是這樣。在她十多歲的時候，有人跟她分享耶穌基督的愛，叫她曉得只要有人從罪回轉過來信靠祂，祂也會賜予饒恕。她接受了基督，後來跟一個主內忠心的弟兄結婚了。今天，她走遍世界，教導其他人有關神的恩典所帶來的醫治，以及必須饒恕傷害自己的人的道理。

她在《哭訴無門》（*No Place to Cry*）一書這樣說：「我們可以選擇饒恕，哪管自己喜歡還是不喜歡這樣做。饒恕不是情緒，而是憑著意志作出的行動。」（編按：按引文重譯）如果你一直等待，直至覺得好像要饒恕某個人才會行動的話，你可能永遠不會饒恕他。饒恕是由一項決定而來的——你的意志產生的行動。甚至，雖然你身體裏面的每根骨頭都在抗議——「別這樣做；反擊吧；不管怎樣，握住怨恨不放。」——你一定要奉耶穌的名字叫這些聲音靜下來。饒恕別人是引發一連串過程的事件，只要你憑著意志、充滿信心地決定饒恕對方，這便是饒恕的開始。

饒恕過程的下一步是坦然面對別人的過犯。我們稱之為「評估損失」。換句話說，真正的饒恕必須完全承認因為別人的過犯而引起的痛苦、傷害和損失。饒恕不是把這些過犯掃進地毯底下，說：「呵，沒事了。」你必須承認那份痛苦，容許自己去觸碰這些感受，然後才能夠饒恕。

饒恕過程的最後一步是釋放那個冒犯者，把他交到神的手中。認識到神是公義的法官，祂會施行任何必須作出的報應（羅十二19）。你不用擔心神會否讓對方脫身。他可能會在自己的人生裏經歷神的恩典，或者神在最後審判的日子徹底懲罰他。你是沒有資格坐在審判席上判決任何人。神會看顧自己的兒女和管理傷害他們的那些人。

你和我不能憑著人的力量來饒恕別人是不言而喻的。所以，饒恕別人的整個過程要求你向神尋求超自然的力量。默想神怎樣饒恕你，記住祂所免了你的債。基督在十字架上犧牲，叫你的污穢得著潔淨，又完全饒恕你一直觸犯神的律法。基督在十字架受死的時候，祂向下俯視，饒恕了那些處決祂的士兵。求神賜給你那種超自然的力量去饒恕那些傷害你的人。

在過去一個星期你探求了饒恕的美德，神更可能叫你留心一些你要饒恕的人。若是這樣的話，讓我們鼓勵你照著去做，下定決心饒恕那個人。向神或值得信任的朋友坦承你經歷過的痛苦與傷害。向神祈禱，求祂給你力量和勇氣去饒恕。釋放那個得罪你的人，把他交到公義法官的手中，神會做出正確的事情。

● 進深默想經文

- 詩篇三十二篇1至2節
- 羅馬書十二章9節
- 希伯來書八章11至13節

用自己的言語來總結這天關於饒恕的靈修重點，在以下空白位置寫下你的想法、感覺或領受：

天父，求祢給我勇氣，去饒恕深深傷害我、得罪我的人。幫助我把祢視為公義的法官，更加信靠祢，又在我饒恕他們時，把他們釋放、交給祢。阿們。

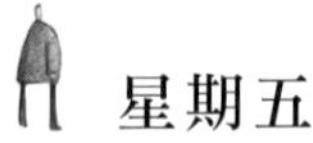 星期五

婚姻裏的饒恕

你們要慈悲，像你們的父慈悲一樣。

——路加福音六章36節

大多數人都熟悉浪子回頭的故事。表面上，這是關於一個離家出走的反叛兒子，愚昧地揮霍自己分配得來的家產，然後「爬」回到老爹那裏，只期望獲得饒恕或愛。可是，這個兒子沒有被羞辱、懲罰或拒絕，他的父親向他張開雙臂迎接他，並給他無條件的愛與接納，而最重要的，父親饒恕了他。父親不關心他去過甚麼地方。甚至沒有等兒子後悔和悔改，父親已饒恕兒子。他只關心重修彼此的關係。這位父親充滿喜樂，因為他這個兒子是失而復得的。這是耶穌說過的比喻裏，其中一個非常偉大的故事，它描述了天父的愛與饒恕。

你曾否想知道故事的發展？幾年後，這個浪子會怎樣？他有利用父親的愛嗎？他會否離開家父，重蹈覆轍呢？我們想他不會。事實上，毫無疑問，父子重聚的衝擊畢生影響他的心。

父親的憐憫震撼了他，叫他繼續像自己的父親那樣活下去——去愛、去憐憫、去饒恕。盧雲（Henri Nouwen）在《浪子回頭》（*The Prodigal Son*）提到：「孩子不再是孩子，孩子變成大人了。浪子回家後，不再是孩子，他卻領回兒子名分，並且變成一個父親了。」（編按：按引文重譯）

神呼召我們每一個，作為祂已歸家的孩子，向前超越兒女的位分，開始在所有的關係中展現這種憐憫與饒恕。這方面的教導特別應用在婚姻關係中。畢竟，婚姻是一項連繫兩心、共建家園的決定吧？婚姻關係應該是彼此繼續張開雙臂迎納對方的處所——一個叫我們安全踏實、無條件被接納的地方。當你決定與伴侶共偕連理的時候，你著實在說：「我承諾向你提供安全的避風港——一個滿有接納、憐憫、饒恕的地方。」

我得大膽說，成功的婚姻包含了其中一項基本的資源，就是饒恕。以下是理由。很多時候，婚姻反映出你最好的一面，也必然顯示出你最糟糕的一面。婚姻關係最終會暴露你的缺點、自私與瑕疵。在這樣的情況之下，你會體驗到極大的喜樂，也嘗透極大的失望。因此，任何不完美又有瑕疵的兩個個體之間所建立的成功關係，是沉浸在互相諒解的愛浴裏。

你會如何評估自己饒恕別人的能力呢？你有沒有向伴侶展示張開雙臂的姿態？求神幫助你學習饒恕的藝術。學習慈悲，好像你的天父那樣慈悲。

● **進深默想經文**

· 路加福音十五章11至32節

· 以弗所書五章25至33節

· 路加福音七章40至43節

· 何西阿書二章19至20節

用自己的言語來總結這天關於饒恕的靈修重點，在以下空白位置寫下你的想法、感覺或領受：

親愛的父啊，幫助我以滿有憐憫和饒恕的態度生活。教導我成為一個能夠以恩典和仁慈向別人張開雙臂的人。讓我追隨基督而日漸成熟，饒別人的能力也不斷增長。阿們。

祈禱

親愛的主：

感謝祢給我生命中的另一天。我每呼吸一口氣，都是祢賜予的禮物。我讚美祢，因為祢知道一切，又是全能的。祢知道我的過去、現在、未來；沒有一件事情叫祢出乎意料之外。神啊，祢是獨一真神，在我每次辜負祢、違反祢誡命的時候，祢總能夠饒恕我。感謝祢差派耶穌基督替我受死，好叫我藉著主的寶血，得以被完全饒恕。求祢幫助我施予及接納這令人難以置信的饒恕，哪管我的情緒是處於甚麼樣的狀態。

天父啊，因為祢已經饒恕我這些不可置信的罪債，求祢給我能力去饒恕那些傷害過我的人。沒有祢的力量，我無法饒恕其他人。幫助我作出意志上的決定，決心釋放這些虧欠我債的人。對，我知道這會使我傷心痛苦，但是我不想這些不肯饒恕的苦毒流遍我的身體。我放過他們，把他們交到祢的手中，因為祢是整個宇宙中的公義法官。惟有祢是神。

奉主耶穌的名字祈求。阿們。

禱告札記

讚美敬拜：

認罪悔改：

感謝：

祈求：

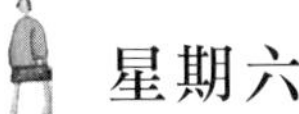

星期六

饒恕的根基

今天我們邀請你和伴侶預留時間給二人相處，特別鼓勵你們找一個舒適平靜的地方來討論關於寬恕的題目。謹記你們的目的是提出問題，以憐憫的心傾聽，互相分享體悟本週題目的經驗。這不是辯論或爭辯神學觀點的時間。你們要藉著支持與鼓勵的精神來彼此聆聽、尋求明白對方。最終，這次勇敢的相聚是希望你們二人建立靈裏親密更堅固的根基。

這個星期我們已經討論過持續維繫關係的成功關鍵——饒恕。你學習到饒恕別人其實不是任由基督徒按照己意的自由選擇；它是神親自頒布的誡命：我們會饒恕別人正如神饒恕了我們。你細察到事實上真心饒恕是意志的行動，而不是受到感覺支配的。你也得到鼓勵去釐清對饒恕的誤解。你明白到饒恕就是自由；它是你擁有最強大的資源，用來醫治你無法改變的過往的傷口。

● 討論問題：

1. 在這個星期有關饒恕的靈修中，哪些地方是你認為最有幫助的呢？

2. 你如何評估自己的饒恕精神？你覺得它是自然而來的嗎？是否難以產生？

3. 與伴侶討論「饒恕就是自由」的概念。你能夠從過往的經驗中，找到例子證明這句話是真實的嗎？

4. 你需要饒恕生命中的某些人嗎？

5. 你約會的伴侶又如何？你們是否抓緊一些自己需要坦承與放下的傷害或過犯？現在花點時間，撥開彼此之間的雲霧，消除誤會。

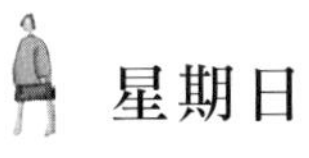

星期日

月　　日

講道筆記：

分享領受：

第七週

找尋教會是個傾向緩慢的過程，你要有自由的意念，

沒有不信的既得利益，才可以覓得。

——歐康娜（Flannery O'Connor）

信主的羣體是「上下文」，於此情此景，

大多數人才會「認識主」。

——泰勒（Daniel Taylor）

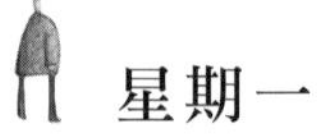

星期一

沒有孤軍

那人獨居不好……

——創世記二章18節

自一九九六年起，我（賓）開始主持為單身人士而設的電台現場清談節目「聯繫單身」（*The Single Connection*）。這讓我有機會與數以千計從東岸到西岸的單身聽眾互相交流，探討有關約會、性、離婚與單親家庭的問題。當有人打電話進來，我第一條問題多是：「你有融入城中的地方教會嗎？」實在很多次，得來的反應是「沒有」或「我在不同的教會之間轉來轉去。」每次聽見這樣的回應都會使我傷心，因為我知道神創造我們，是與其他人一齊過羣體生活，在我們忽視與心思相近的信徒聚會時，便會錯過了許多的祝福。

神把你與其他人的聯繫設計得很有意義的。祂把你創造在熟絡、親密、彼此支持的關係中，從而經歷到信任、穩妥與軟弱。你既不是孤島，也不是獨行俠。你是受造成羣體生活的一員。今天你內心感到的空虛與渴望，可能是由於你與基督徒隔離的直接結果。

地方教會是神在地上設立的新社羣。教會不是完美的，因為它充滿不完美的人，但是，神仍是透過教會去接觸這個失落受傷的世界。基督為教會捨棄生命。祂將為教會重臨。當你信靠基督，進入與神建立的關係中，你不是作出孤立而純粹個人的決定。來到基督的面前，也是與地上普世的教會聯合起來。

新約一次又一次把教會比喻為基督的身體。這就是說，我們在世上是以肉身來彰顯耶穌基督，直至到祂回來為止。正如人體的不同部分有不同功能，教會也是各按其能而運作。若你今天失去手臂，你會掛念它嗎？當然你是會的。教會記掛很多身體的部分，因為「孤身作戰」的基督徒只顧念自己的事情。

不僅是教會需要你，你也需要教會。你的人生需要鼓勵你的人，有需要的時候，你走歪路，他們會對你好言相勸。你需要別人聆聽你最深切的掛慮，並且為你代禱。在你病了或受到傷害的時候，你也需要人愛你、安慰你。當你失去你所愛的人，亦需要別人的肩膊借來依傍。我不曉得，我們沒有別人的支持與幫助時，會怎樣度過這一切。

如果你現在沒有參與地方教會，求神帶領你到附近區內一所合乎真理教導的教會。如果你已經是所屬教會的會友，感謝神給你屬靈的家，你要確定在這個敬拜神的地方與肢體建立關係——不要聚會一結束便匆匆離開。別錯失在地上作為神國度一部分的獎賞和益處！

● **進深默想經文**

- 使徒行傳二章44至47節
- 加拉太書六章9節
- 希伯來書十章24至25節

用自己的言語來總結這天關於羣體生活的靈修重點，在以下空白位置寫下你的想法、感覺或領受：

天父啊，感謝祢，在我參加的教會裏賜下信徒羣體。求祢幫助我，忠心事奉及依賴教會，以活出祢為所有信徒定立的羣體模式。阿們。

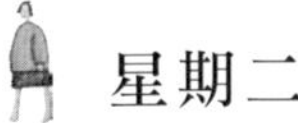

星期二

這是為我而設嗎？

這樣，你們不再作外人和客旅，是與聖徒同國，是神家裏的人了。

——以弗所書二章19節

我們這一代是在麥迪遜廣場（編按：此詞常指廣告業）的口號中長大：「你今天應該放假吧」，「依你自己的一套」，和萊雅（L' Oreal）向你保證的「你值得擁有」。怪不得我們問到關於新工作、關係或商務的最基本問題是：「有甚麼是為我而設？」因為這個世界好像為我們團團轉，我們從一開始便要求知道這個人、這件產品或新的投資項目是怎樣為自己帶來益處。當我們參與教會後，我們也經常問相同的問題。

嗯，成為教會會友有很多好處，但是其中一種極有意義的益處，是你獲得新的家庭。很多人背負家庭或過往其他關係的某些缺陷。我（賓）極少看到沒有痛苦和缺陷的家庭。有些人甚至被離婚的創傷所影響。破裂的關係，無論是家裏的或者是其他情況，所帶來情緒上、心理上和屬靈上的結果是破壞性的。這是為何我會相信，成為基督徒的最大益處是你被神的家庭領養了。你接受屬靈的新父母和長輩（mentor）的祝福，他們能夠教導你怎樣在與基督的信仰關係中成長。

譬如說，我有一個好朋友來自景況不堪的家庭，生活中盡是不穩與充滿拒絕。當我現在與他一起祈禱，他會先為了自己有新的家庭而感謝神——有新的弟兄姊妹和朋友，愛自己、鼓勵自己和支持自己。神經常使用教會裏的肢體，再養育那些需要看到怎樣才是虔誠的丈夫與父親，太太與母親的人。

你和你伴侶可能需要看到一段健康的關係是怎麼樣的。最少找一對年長的夫婦，藉著他們的關係來指導你們，在邁向婚姻的路上支持你們，給你們意見。年輕的姊妹，你可能需要一個在人生路上比你閱歷更多一些的「屬靈媽媽」。年輕的弟兄，你可能需要給你示範甚麼是屬靈的領導人和正直的男人。別錯過這些難以置信的益處。

如果你發覺會自問：「有甚麼是為我而設的呢？」那麼，答案在此：是一整羣親友，他們愛你，為你代禱，作你的聆聽者，為你立下何謂在各種關係中跟隨神的榜樣。順帶一提，不要因為神家中的新兄弟姊妹不完美而沮喪。記住奧古斯丁怎樣說：「我們都是因罪生病的尋醫罪人。」不要打算找到完美的教會才加入，因為這樣的教會根本不存在。人一般會這樣找藉口：「嗯，教會裏有很多虛偽的人，這是為甚麼我不加入教會的原因。」我同意，教會的會眾中無可避免會有偽善者，但是，到處也有這種人。就好像星期五我看報紙，報導消防處中的貪污事件，這並不表示，如果星期六我的家發生火警，我就無法向消防處求救。

到附近找一家以聖經為信仰基礎的教會，與其他肢體建立關係，又以靈命相交，並且加入教會。不要錯過作為神家庭的一分子這無可替代的益處。

● 進深默想經文

· 傳道書四章9至12節
· 使徒行傳四章32至33節
· 以弗所書二章19至21節

用自己的言語來總結這天關於羣體生活的靈修重點，在以下空白位置寫下你的想法、感覺或領受：

神啊，帶領我到附近的教會。我明白到祢創造我們，是要我們在祢信徒的大家庭中生活及成長；我希望自己按著祢給我生命的計劃而活，我需要祢指引我這樣做。阿們。

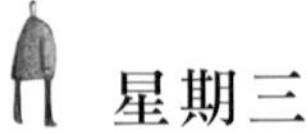

星期三

彼 此

我賜給你們一條新命令，乃是叫你們彼此相愛；我怎樣愛你們，你們也要怎樣相愛。你們若有彼此相愛的心，眾人因此就認出你們是我的門徒了。

——約翰福音十三章34至35節

社會學家及傳道人甘普路（Tony Campolo）凌晨三點半在檀香山（Honolullu）漫無目的地進入餐廳吃晚飯。他飽受時差的煎熬，只想找點東西吃。當他坐在餐廳裏的時候，一羣吵吵嚷嚷的妓女走進來，在附近的桌子坐下來。一個叫艾妮絲（Agnes）的妓女向大家宣佈明天是她的生日。因為這個唐突的宣告，所有朋友都責怪她和取笑她。艾妮絲說：「哼，你們放心。我只是想你們知道。我不會期望你們開派對或者甚麼的。從來沒有人為我開派對。現在我怎麼會想要呢？」

這羣妓女離開後，甘普路問東主這羣女孩子是否每晚都來。服務檯後的男人說：「對。」於是，甘普路想出最瘋狂的念頭，要為艾妮絲舉行一次驚喜派對。第二天的凌晨兩點半，甘普路和東主裝飾場地，為這個街頭妓女烤了一個特別的生日蛋糕。當她在三點鐘輕快地從門口步進，她大吃一驚。她是多麼被這愛的舉動所感動，碰也不碰那個蛋糕，便立即把它拿回家，稍後再回到派對。

在她離開的時候，甘普路發現自己被妓女包圍著。這個難以應付的時刻叫他不知所措，於是他決定祈禱。禱告後，服務檯後的男人說：「嘿，你從來沒有告訴我你是傳道人！你究竟是屬於哪一類教會呀？」甘普路答：「是在凌晨三點半為妓女開生日派對的那一類教會。」

多美妙的故事。這愛的行動是多麼奇妙。神呼召你打破常規，向其他人展現祂的愛與憐憫。新約聖經充滿了彼此相愛，彼此代禱，彼此鼓勵，彼此施贈，彼此認罪，彼此醫治，彼此捨命的誡命。記住，愛是動詞。愛是行動。愛是你要付諸實行的事情。

今天，你如何可以向教會肢體或陌生人展現神的愛呢？也許是簡單如向今天與你有眼神接觸的每個人微笑。或者，你可以把一瓶水和一些食物，送給一個你素常忽略的露宿者。也許你可以在與別人的交往中少說話，嘗試集中做一個好的聆聽者。向同事說出真心的鼓勵說話或多謝。給朋友買咖啡，服事他們。

看看你能否帶著創意或甚至毫不吝嗇地彼此相愛。祈求神在你度過祂創造的這一天中，賜給你神聖的約會和機會去愛其他人。啊，還有一句提醒的說話：小心你祈求的是甚麼。可能在你出其不意的時候，神會在路上安排一個艾妮絲在你的眼前。

● 進深默想經文

· 哥林多後書一章3至5節
· 彼得前書四章8至11節
· 約翰一書四章11至12節

用自己的言語來總結這天關於羣體生活的靈修重點，在以下空白位置寫下你的想法、感覺或領受：

主啊，幫助我跟隨祢的榜樣，像祢那樣向教會這家庭和本地的社區不吝嗇地付出愛。求祢讓我看到實際地愛其他人，以及每天持續找機會延伸祢恩典的新方法。阿們。

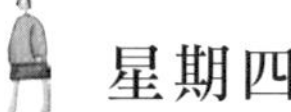

星期四

發揮你的恩賜

按我們所得的恩賜，各有不同。或說預言，就當照著信心的程度說預言，或作執事，就當專一執事；或作教導的，就當專一教導；或作勸化的，就當專一勸化；施捨的，就當誠實；治理的，就當殷勤；憐憫人的，就當甘心。

——羅馬書十二章6至8節

我（賓）家瘋狂熱愛籃球。我的兩個兄弟和我念高校的時候都打籃球，大哥在科羅拉多州（Florida）參與大學籃球比賽。我們成長的歲月在潮濕的體育館或自家的後院裏投籃度過。在南北卡羅萊納州（North and South Carolina）熱愛籃球的地區成長，我們曾跟全國最厲害的對手比賽。但我其中一個對於比賽最珍貴的回憶，是對手的支持者與啦啦隊長的打氣創新手法。每當你投進罰球，啦啦隊長會大唱：「醜八怪，愛抵賴，好醜怪，嘿，好醜怪。」或者，如果他們真得很討厭你，會加上：「你媽媽也說：『你好醜怪。』」還有另一句口號今天還在我的腦海響起，大概是這樣：「得到手，即射中。得到手，即射中。」我愛極了這句口號，簡單而有力。

今天很多基督徒的問題是，他們不曉得自己擁有甚麼，更不知如何運用。你成為基督徒後，神給你一種屬靈的恩賜或各式各樣可用的恩賜，是為了服事教會裏的其他人。美國教會如此積弱的一個原因，就是信徒沒有在本地教會運用自己的屬靈恩賜。

讓我們看看其中一些恩賜——服事、接待、教導、領導、施予、信心、鼓勵、傳道及憐恤，不勝枚舉。我們運用這些恩賜，是要建立基督的身體，而不是要吸引別人的注意。不同種類的恩賜幫助我們保持互補不足，好使我們互相照應。如果你的腳向腿說：「再見了，我已經厭倦這份臭職。我要做眼睛。」那將會如何？你的身體無法正常運作，因為腳根本沒有能力去看。

雖然你可能沒有教導的恩賜，但說不定有服事的恩賜。你渴望教導別人本是好的，但是如果神安放你在支援的崗位事奉，而你卻試著做一些自己力有不逮的事情，你將會覺得辛苦。有一個找出恩賜的方法，就是細想你對甚麼事情著實是非常熱心的。很多時候，一些自然吸引我們或叫我們熱誠投入的事情，都與我們的屬靈恩賜配合。另一個找出恩賜的方法，是自薦在教會擔當不同的崗位服事。告訴你的牧者，你願意為教會的需要服事，好叫自己能找到在事工中的適當位置。通常，圍繞你身邊的人會肯定你的恩賜。

你開始運用恩賜後，對於神在你和其他人的生命中所做的事情，你會感到奇妙不已。勇於事奉吧！神應許我們每個人都有各樣恩賜可以用來榮耀祂。得到手，即運用。

● **進深默想經文**

· 羅馬書十二章4至13節
· 哥林多前書十二章
· 以弗所書四章7至16節

用自己的言語來總結這天關於羣體生活的靈修重點，在以下空白位置寫下你的想法、感覺或領受：

親愛的天父，我想被使用，在教會透過服事別人來事奉祢。求祢給我勇氣嘗試新的事工，以及找到被我教會使用的方法。阿們。

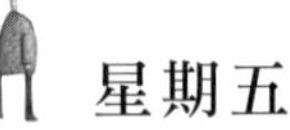

星期五

除掉面具

所以你們要彼此認罪，互相代求，使你們可以得醫治。

——雅各書五章16節

幾年前，我因為打網球和排球而肩部受傷。受苦幾個星期後，我終於去看醫生，為肩膀進行磁力共振掃描。接受磁力共振掃描就像被活埋一樣。醫護人員把你放在輸送帶，又叫你完全靜止三十分鐘。然後他走進另一個房間按鈕，那條輸送帶拉你進入一個狹窄圓筒，內壁離你的臉約有四寸。

我停留在這密室內約二十秒後，突然有大叫的衝動：「別蓋上這棺材。我還未死！」最後，有一把聲音問：「你在裏面可以嗎？」當然，我裝作沒事，說：「可以，沒問題，我行的。」大概是因為神的恩典，我熬過了這次可怕的經驗。

我們活在「我沒問題，你沒問題」的世界。當我們問候別人他們好嗎的時候，我們根本不會期望得到真誠的答案。一句簡單的「蠻不錯」就足夠了。很多人害怕讓別人知道自己的靈魂深處有甚麼隆隆作響。我們猜想如果別人知道我們的心事，他們可能會拒絕我們。太多人戴上面具到處走，對人歡笑背人愁。我們全都惶恐，卻仍裝作一切蠻好，就像我接受磁力共振掃描那樣。

真相是許多時候我不行，你也不行，但其實這是沒問題的。耶穌為了諸如你我的人死在十字架上，我們這些罪人屢次違反神的律法。謹記奧古斯丁的說話：「教會是一所醫院，每個人在裏面都在努力使自己康復。」可是，除非你願意承認自己是病了，否則是無法痊癒的。今天關於認罪的經文是以我們都生病，需要醫生診治為前提。

懺悔在過去三十年一直被醜化。電視處境喜劇、電影、歌曲都愛模仿被罪疚感折磨的聖職人員聆聽亦被罪疚折磨的同道罪人懺悔。然而，潘霍華曾寫過：「一個在弟兄前認罪的人，會明白到自己不再孤單；他因為別人的真實存在而經歷到與神同在。」換句話說，我們彼此認罪後，饒恕與醫治才能夠實現。某人曾說懺悔對我們心靈有益，真是絕對正確！

我生命中一些最大靈性上的突破，發生於我在一個可信靠的朋友面前除掉面具，說：「嘿，我厭倦隱藏自己。厭倦人前人後不同的生活。現在我要處理這個問題。」然後有這個朋友聽我的話，並且肯定我獲得赦免，因為基督在十字架為我所作的，是極度使人得潔淨的經歷。作為牧師，我遇過不可置信的機會，看到很多人因為有勇氣承認自己的罪，從罪疚、羞恥、恐懼、沉溺中得著自由。

如果你擔心別人發現真實的你而在恐懼中生活，別遲疑，快找別人的幫助。今天打電話給教會中相知的肢體、牧師或輔導員，妥善處理這個問題。祈求神給你勇氣踏出第一步。

● 進深默想經文

· 以賽亞書一章18節

· 加拉太書六章1至2節

· 約翰一書一章7至9節

用自己的言語來總結這天關於羣體生活的靈修重點，在以下空白位置寫下你的想法、感覺或領受：

親愛的神，求祢賜我勇氣，跟教會中一個信任的肢體實踐認罪。求祢幫助我常常認罪，好讓我可以不再內疚，也不被罪所捆綁，與主內的弟兄姊妹一同自由地成長。阿們。

祈 禱

親愛的天父：

我讚美祢的公義、祢的憐憫。祢是聖潔的，總是愛我們的。每個早上祢賜予我身體與靈性的祝福都是新的。在我失信與冷漠的時候，祢還是信實與仁慈。

感謝祢，因為在關係裏可添加人的力量。感謝祢創造我們，叫我們與人深層和有意義地交往。我知道祢創造我們，是叫我們與其他人在羣體中和睦共處。天父啊，求祢寬恕我，因我曾經很多次我行我素，孤身而活。沒有其他人的幫助和鼓勵，我根本無法活出這基督徒的生命。

神啊，我求祢指引我怎樣能夠投入教會。幫助我找到自己的屬靈恩賜，並運用這些恩賜建立身邊的人。賜我願意事奉的態度，而不是只會被人服事。無論我去到哪裏或做甚麼事情，求祢保守我恆常參與當地教會。

奉主耶穌的名字祈求。阿們。

禱告札記

讚美敬拜：

認罪悔改：

感謝：

祈求：

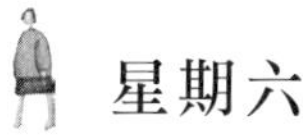

星期六

羣體生活的根基

今天我們想你和伴侶預留時間來討論羣體生活這題目。謹記你們的目的是提出問題，以憐憫的心來傾聽，及互相分享體悟本週題目的經驗。這不是辯論或爭辯神學觀點的時間。這是藉著支持與鼓勵的精神來彼此聆聽、尋求明白對方的時刻。最終，這次勇敢的相聚是希望你們二人建立靈裏親密更堅固的根基。

過去一週，我們提出了基督徒過羣體生活的重要性。當人決志相信基督，就是決定加入教會——神家的羣體，這個概念我們已看過。我們討論過，你加入本地教會，對你自己和對你與其他信徒組成的基督身體帶來的好處。你明白到教會是放下面具，真貌示人的地方。這個地方可發展親密的、支援的、穩妥的關係，幫助你處理人生中許多的挑戰。

● **討論問題：**

1. 你和你伴侶是否本地教會的會友？如果不是，為甚麼？

2. 討論你過去在教會生活的體驗。

3. 根據在地上無「完美」教會的理解，討論你夢想中的理想教會是怎樣的，從而闡明你所重視的事物。

4. 討論你認為參與主內信徒羣體會帶來甚麼最大的益處。

5. 你曾否發展熟絡、親密的關係，從而讓你得到鼓勵、支持，甚至挑戰呢？

6. 你是否知道自己的屬靈恩賜是甚麼？你有使用這些恩賜嗎？

7. 過去一週，有沒有甚麼教訓引起你強烈的反應呢？請隨意暢快討論。

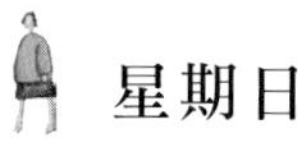

星期日

月　　日

講道筆記：

分享領受：

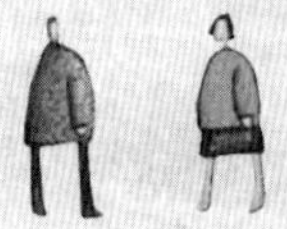

第八週

性愛原自神自身的存在、神的本質……

性行為本身可說是很像神，是依祂的形象塑造。

——梅麥克（Mike Mason）

神總是賜我們所需的力量

讓我們為了祂

保持貞潔的美麗。

——德蘭修女

清心的人有福了！因為他們必得見神。

——耶穌基督

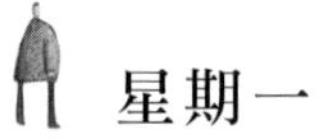

星期一

貴重的禮物

神就照著自己的形像造人，乃是照著他的形像造男造女。

——創世記一章27節

我（撒母耳）曾向一羣家長談及我們的文化對性的沉迷，以及它對我們孩子的影響。聽過一位家長就我們的社會「把性愛偶像化」大叫大嚷（為似乎是永恆不變的事）後，我恍然大悟，我們是向後倒退。當然，最初的假設是由於我們的文化對性行為的固有定位，我們一定是把性行為的地位提升得太高。真實的情況是在社會裏，我們把性帶到新低點！

雖然我們真的強調了性的感官方面，但我們不知怎地喪失對性的屬靈意義的視野。當人把性假設為只是「肉體的事」，他就是使性行為流於低俗，降低這神聖行為的價值。我們使這榮耀而神聖的奧祕淪落為僅是生理的需要——必須搔抓的色情痕癢。

思想梅麥克在《比翼雙飛》（*The Mystery of Marriage*）中說的：「誠然，讓男女肉身的連合成為其中一個人生高峯的經驗，這是神最大的意圖……在這些經驗中，神會在愛中庇護祂的子民，會親自來到他們的中間，以最親密和充滿權能的方式啟示自己。」（編按：按引文重譯）你看，性愛不僅是肉體的事；它是屬靈的事情。它也是榮耀的事情。這是為甚麼保羅宣稱，婚姻以外的性行為是惡行（林前六15～17）。

其實我們何時開始降低神本看為美好的性（及性行為）的價值？嗯，這不是從六十年代性革命開始的。自亞當夏娃墮落以後，關於生命與人是甚麼的種種一切已經被玷污了，這是人所共知的屬靈知識。原罪的結果遍及人生的每個角落，不僅限於性的層面。人把神與性截然分開，是墮落帶來最為悲慘的結果之一。扭曲的信念認為，性，不知何故是不聖潔、不乾淨的，而性行為與靈性是互相排斥的。沒有其他想法比這些更遠離真理。

性始於神。祂是主腦，是這美麗經驗的創造者，也喜愛我們的性行為。所以，當提及貞潔的時候，我們必定是回歸到伊甸園，重新界定的性行為。我們必須從起點開始，深切認定我們的性行為是從神而來的禮物。我們必須懂得欣賞，甚至為我們在這方面的真我歡慶。

創世記一章27節指出了男女獨特在性方面的分別多少是反映了神的形象。除了別的之外，這代表了一個關於性行為美好的說明。在新約裏，使徒保羅說，神創造的一切都是好的，只要人以感恩的心來接受，沒有一樣東西是可棄的（提前四4）。

創世記二章繼續肯定我們的性行為：「當時夫妻二人赤身露體，並不羞恥。」（25節）當我們以字面來解讀這段文字

（雖然它也有更深的含義），必會得出神定意我們對男女性特質毋須羞愧的結論。不用困窘或沉默，我們應該對性行為滿懷信心，甚至滿有熱切。因為在成長過程中加諸我們身上的曲解與恐懼，而抑壓這構成自己的寶貴部分是不幸的。這樣說，嘗試否定我們受造當中這重要部分，是羞辱了神。

正如任何你看為極貴重的禮物，你會以敬意把它高舉。一份特別的禮物，是你會珍惜，並且小心打理的。你能夠領會到性行為是從神而來的禮物這觀念嗎？你願意重新把性行為界定為神聖與聖潔嗎？信不信由你，要保持貞潔，第一步是接納你的性行為，因為這是神賜下的貴重禮物。

● 進深默想經文

· 創世記二章24至25節
· 哥林多前書七章3至5節
· 雅各書一章17節

用自己的言語來總結這天有關貞潔的靈修重點，在以下空白位置寫下你的想法、感覺或領受：

親愛的神，感謝祢賜下性行為，這如此奇妙的禮物。求祢幫助我珍惜祢創造的這部分，尊重它，把它視為聖潔和神聖。阿們。

星期二

性與身心整全

你們必曉得真理，真理必叫你們得以自由。

——約翰福音八章32節

某一天，我經過雜貨店挑了些牛奶、橙汁和乳酪。當我站在所謂付款快線時，我看到不同雜誌的封面：「如何令他興奮——簡易六步曲」，「保證興奮的性交新姿勢」，「今晚性順利！」。你能否相信？你甚至只在雜貨店買點簡單的東西時，也不能避開明目張膽的性信息的炮轟。

我們住在充塞著性的社會。美國主流社會對性的共有看法非常簡單：「覺得不錯就幹吧。」而基督教主流對性的共有看法更加簡單：「別做。」一方面看來是積極地面對性——「表達你自己」；另一方面看來是消極地面對性——「壓抑你自己」。

一直在教會長大，我常常知道婚姻以外的性交是錯的，但從來不曉得當中的道理。當然，我知道性交叫人擔心會懷孕，感染愛滋病、性病，但是這些理由都是消極的。我開始想知道，到底有沒有支持婚後性交才是對的積極而必然的理由。

對，我們有一個很重要又積極的理由，支持我們把性行為保留在婚姻以內進行，這就是：在你們關係中實踐貞潔，即是婚後才進行性行為，使你們可保持健康，體驗身心整全的感覺。我們接觸過全國千萬男女，他們經歷了無法相信的情感、身體和心理的創傷，因為他們相信「性行為使你與伴侶更親近」的謊言。如果你只戴上避孕套，就這樣想，你能夠保護自己，不受性的淫穢惡果影響。朋友，你不能替自己的靈魂戴上避孕套；因此，你是任由自己容易受到情感上不同程度的傷害。

留待婚後性交，可避免你感到自己支離破碎，有助於保護你不至羞愧、內疚、焦慮和崩潰。事實是這樣，你愈是繼續以守候的方式愛惜自己的身體及看重性的意思，你將會愈感受到踏實、平安及整全。

你可以體驗到實踐貞潔的蘊藏價值——個人的平安、身心整全與喜樂。學習歡慶與珍視你已經決定的健康選擇。史帝曼（Rick Stedman）在其著作《單身的瑰寶——關於單身一族與性事的福音》（*Your Single Treasure: The Good News About Singles and Sexuality*）中表達得好：「獨身是一項決定，於價值和個人特質方面，視性行為是獨特的。當成年人守獨身的時候，便是透過自己的行動說：『我不會把我的性行為淪為廉賣的贈品。我不會假裝性行為是不重要或沒有意義的。性是有價值的，我也是貴重的。我會藉著婚前持守貞潔，來肯定自己的價值和重要。』」

今天就讓這真理叫你得自由。為你個人的價值和身心整全的感覺歡慶。感謝神讓你和你伴侶作出呈獻生命的決定以保持貞潔。留待婚後進行性行為，即表示你們接受全人的健康，而抗拒破碎與不安全的感覺。這是多麼值得你們去投資，帶來的回報是符合神在婚姻裏對於你們的理想。

● 進深默想經文

- 創世記二章23至24節
- 詩篇一百一十九篇1至2節
- 雅歌八章4節

用自己的言語來總結這天有關貞潔的靈修重點，在以下空白位置寫下你的想法、感覺或領受：

天父，我想得到祢設的理想婚姻。幫助我懂得欣賞留待婚後才進行性行為的價值，又感謝祢給我從保持貞潔而來的平安。阿們。

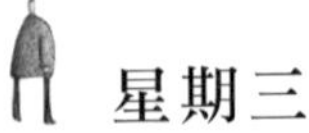 星期三

貞潔與自制

神的旨意就是要你們成為聖潔，遠避淫行；要你們各人曉得怎樣用聖潔、尊貴守著自己的身體，不放縱私慾的邪情，像那不認識神的外邦人。不要一個人在這事上越分，欺負他的弟兄 。

——帖撒羅尼迦前書四章3至6節

勞拉（Laura）與占美（Jimmy）是青梅竹馬的情人，不曾分開超過一星期。他們發覺自己預備好在二十歲的成熟歲月結婚。訂婚後，未來的日子肯定了，於是他們決定為二人的關係而發生性行為，作為慶祝彼此委身的一種方式。他們的理由是：「展開一段性關係是可以的；無論如何，在神的眼中我們已經結婚了。」但是，這對未婚夫妻從來沒有在祭壇前成婚。他們對穩妥與委身的幻想沒有真實的基礎；這只是幻象而已。現在他們必須面對錯綜複雜的結果。

每當我們不依神指引滿足自己的性欲，我們是忽視神對我們生命中這神聖方面的旨意。婚姻以外的性行為不是神為你定

的理想，因為這樣做是從中取去了一些美好的東西。這好像火一樣。你在火爐點燃一把火，可以是叫人感到愉快的東西——在封密的空間裏傳熱、發光、生能量。然而，當你把同樣的火放在它不應該燃點的地方（客廳的中央），它便會失控焚燒，帶來無法形容的損害與毀壞。

換句話說，當你把性愛從對婚姻委身與責任的安全範圍內抽離，你（和你伴侶）會經歷自然與靈性的後果。最終，你無法把性欲中的自我，從情感與靈性的自我中分開。

性行為是生命結合的行為，它應該是在彼此委身結婚後契合為一的結果。這聽起來挺刺耳，婚姻以外的性行為通常是自私地剝削對方。於是，性行為變成利用對方來換取歡愉的共同協議。神清晰地指出，你要用聖潔、尊貴守著自己的身體。同樣，你應該控制自己，來尊敬和尊重你的伴侶。

所以，我們鼓勵你，控制自己的激情，尊重性行為，以致保護自己與其他人。保持貞潔不僅是做對的事情，也是做一些對自己有益處的事情。留待婚後進行性行為是一種尊重自身價值的方式。留待婚後進行性行為也是尊重你的伴侶，維護他或她應得的尊嚴。

任何親身認識神的人，都會努力保持自己內外潔淨。換句話說，在正確的情況下進行性行為，會是其中一件他最重視的事。結果，一個真正的基督追隨者，在思想或行為上於性的競技場裏跌倒，總會有一些羞愧或罪疚的感覺。他會因聖靈而認罪，得到激發去改變。一個真正的基督追隨者會欣賞性行為的神聖成分。一個真正的基督追隨者尊崇性的奧祕，致力把這結合生命的行為，留在婚姻中安全而適切的避風港裏。

經文中關於性的勸告，仁慈地試圖從傷心與幻滅中拯救你。讓你的欲望與激情提醒你自己對情感與靈性親密的需要。別衝動行事，把性欲的能量傳送為健康的奮鬥，以及彼此間有意義和互相支持的影響。繼續建立你們密切、安全和互信的根基，好叫你體驗到神對你未來的最好安排。

● 進深默想經文

· 箴言七章4至5節

· 以賽亞書五十五章8至9節

· 以弗所書五章3節

· 雅歌二章7節

用自己的言語來總結這天有關貞潔的靈修重點，在以下空白位置寫下你的想法、感覺或領受：

主啊，求祢賜我力量和動力，在這最脆弱的性事上，設下界線，並且一直好好的控制自己。我會委身專注於其他方面的親密，把肉體上的親密留給婚後的日子。阿們。

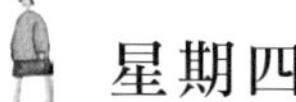

星期四

我們都需要一點幫助

過了一年，到列王出戰的時候……大衛仍住在耶路撒冷。一日，太陽平西，大衛從牀上起來，在王宮的平頂上遊行，看見一個婦人沐浴，容貌甚美……大衛差人去，將婦人接來；……她來了，大衛與她同房……

——撒母耳記下十一章1至4節

由史華格（Jimmy Swaggart；編按：是美國透過電視傳道的先驅）到前美國總統克林頓（Bill Clinton），美國人對於性醜聞司空見慣。過去二十年，傳道人和政客中發生了這麼多越軌的性行為，大家幾乎預期我們的領袖多少總會犯上不道德的行為。我們的文化真的失去羞愧的能力，這實在叫人蒙羞。

只要略讀舊約，你就會認識到性醜聞由來已久。事實上，你不需要是知名人士，才墮入行淫的罪惡中。

我相信，展開不道德淫行前的第一步是孤立離羣。今天的經文指出，大衛王應該與他的下屬在沙場決戰。他在皇宮無所事事，在樓頂上散步，睨視出浴的美女。看來，大衛是從人羣中抽離，而我們試設想，他跟拔示巴同睡前，是無法跟信靠的朋友傾訴。嘗試靠自己「活著」及逃避責任，可為領袖及諸如你我的普通人帶來禍患。

如果你和你伴侶承諾婚前保持貞潔，那麼，你一定知道你是不能獨自完成這個目標的。你需要聖靈的能力為你清晰地立定界線，還要有朋友愛護有加的支持，好叫你在自己作出的承諾中站立得穩。你一定要列出一羣密切而信任的朋友，他們重視貞潔，鼓勵你活出完整的生命。你要有這些同性的朋友，並且定期見面，叫你的生命徹底不同。有一個這樣的朋友或一個要向其負責的羣體，會給你機會為你與你伴侶的關係彼此代禱、坦承試探、互相鼓勵。

我們無法足以強調每一個人對於跟其他人過羣體生活的殷切需要。孤立離羣導致你失去客觀的見解與眼界，把你跟其他人的支援隔離。如果你有一羣支持你的朋友，或甚至一兩個與你坦率相處的朋友，你將會發現每個人往往都是為相同的問題掙扎。參與事工快二十年，並且用上千萬個小時進行單對單的輔導服事，我們深信無人是精明、屬靈或剛強得僅靠自己而活出生命。

除了你的伴侶以外，在生命中還有其他人你可以真心相待的嗎？有任何人或一羣同性的朋友讓你要為自己承諾實踐貞潔負責任呢？如果沒有的話，今天把召集這些朋友成為你當務之急。向神禱告，祂會帶領你找到合適的人、羣體或輔導員。獨自留在家中可以是很危險的。神透過呈獻生命的友誼，為你儲存各樣美妙的事物。

● 進深默想經文

- 傳道書四章9至11節
- 提摩太後書二章22節
- 雅各書一章12至16節

用自己的言語來總結這天有關貞潔的靈修重點，在以下空白位置寫下你的想法、感覺或領受：

神啊，求祢幫助我找到安全、彼此支持與可信任的朋友，好叫他們支持我努力恪守貞潔。阿們。

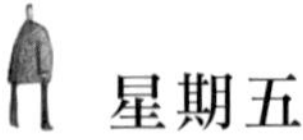

星期五

貞潔與饒恕

求你用牛膝草潔淨我，我就乾淨；求你洗滌我，我就比雪更白。

——詩篇五十一篇7節

很多人曾經跌倒，偏離了健康正當的性表達的範圍。從少年人到成年人的轉變階段，或尋找的過程，促使有些人偏離神的指引體驗性的領域。其他人面對兩性親密的正當需要時遇見試探，採用不正當的方式。大多數人很少會想到耶穌說的「心中的姦淫」——繼續跟肉欲或性幻想掙扎。不管你對牽涉到性的問題的感覺如何，也不論根本的原因是甚麼，任何婚姻以外的性行為方式都是錯的，神稱之為罪。

因此，我們必須找方法潔淨我們的心思意念。要保持純潔的靈，惟有接納神的饒恕與潔淨。當人承認性方面的罪，神會完全潔淨他，叫他純潔。以賽亞書一章18節肯定的說：「你們的罪雖像硃紅，必變成雪白。」

細看詩篇五十一篇。這一章描繪大衛王如何為他與拔示巴犯姦淫的罪而懺悔和悔改。你在這段經文看不到大衛隨便回應神（「哎唷，對不起，抓到我嘍。」）從這篇著名的懺悔中，你留意到大衛一力承擔自己的罪的態度。你看不見他為自己的行為找藉口、理據或推諉己過。你也細察到，他深深意識到自己犯下的嚴重罪孽。他明白到他行淫的罪是嚴重的，是得罪神的罪。大衛充分認識到只有神能夠潔淨他，幫助他恢復一顆純潔的心。你看到大衛是一個表現出真心懊悔的人。他懷著破碎的靈、痛悔的心來到神的面前。為他自己干犯全能神的罪，他的反應充滿情感。

這是接受從神而來的真正饒恕的例子。順帶一提，沒有一項性方面的罪是神所無限供應的恩典和赦免不能涵蓋的。接納赦免的時候，別纏繞於你曾經是怎麼樣的人，曾經做過甚麼或你跌倒了多少次。神只希望你有一顆謙卑悔罪的心，基督的寶血會收拾一切。

為著靈命健康和將來的婚姻著想，接受神的赦免與重新恪守貞潔，這是永遠不會太遲的。你需要向神交代、承認性方面的罪嗎？今天就行動，重拾你所失去的。

● 進深默想經文

· 詩篇五十一篇1至10節

· 詩篇一百一十九篇9至11節

· 以賽亞書一章18節

用自己的言語來總結這天有關貞潔的靈修重點，在以下空白位置寫下你的想法、感覺或領受：

天父，我為自己的罪懺悔，我接受祢的赦免；求祢潔淨我，使我恪守貞潔。感謝祢，因為真正的悔改總會叫我得以純潔。阿們。

祈 禱

親愛的主：

我要讚美祢，祢是榮耀的、叫人敬畏的創造者。在祢的形象裏，藉著祢的設計，我們是又驚又喜地被創造出來。感謝祢賜下性，作為給我們的禮物。

我承認我曾經容許這個世界貶低和腐蝕我對性的信念與態度，而沒有讓祢話語的真理站穩。我領悟到祢為性所定下的最崇高計劃是充滿榮耀、純潔而屬靈的，我們卻經常停留在肉體層次來理解性。主啊，因為我對性的觀念削弱了，又按己意而行，我承認，我曾經在神聖的婚姻這恰當範圍以外，作出性的行為，也越過了尊重與貞潔的界線，我得罪了祢。感謝祢信實地赦免我，甚至在我感到自己已經超出恩典的極限時。

我祈求祢醫治因為這樣對我心靈和情感做成的創傷。幫助我在我們二人的關係中建立清晰的界線，靠聖靈加給我的力量一直依從，又幫助我找到敬虔的好友，叫我為自己負上恪守貞潔的責任。

奉主耶穌的名字祈求。阿們。

禱告札記

讚美敬拜：

認罪悔改：

感謝：

祈求：

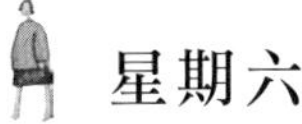

星期六

貞潔的根基

今天我們邀請你和伴侶為你們二人預留時間。我們鼓勵你們找一個舒適平靜的地方，來討論貞潔這題目。謹記你們的目的是提出問題，以憐憫的心傾聽，及互相分享體悟本週題目的經驗。記住，這不是辯論或爭辯神學觀點的時候。這是以彼此支持與鼓勵的精神來聆聽、尋求明白對方的時刻。最終，這次勇敢的相聚是希望你們二人建立靈裏親密更堅固的根基。

過去一週，我們敘述了最敏感的主題：貞潔。你首先學習到性是從神開始的，性是我們必須頌揚的寶貴禮物！我們認識到對於把性行為留待婚後進行的重要性，神立場鮮明的事實。你也發現，祂給你定下的理想（只在婚姻以內進行性行為）是為著你的好處　　把這份令人驚歎而神聖的禮物的價值提升到最高。而你也得著鼓勵，為潔淨過去犯下性方面的罪和重拾純潔的靈，去接納神的赦免與恩典。

● **討論問題：**

1. 你如何界定貞潔？

2. 討論你們對貞潔這問題的感受。

3. 對於在你們關係中保持貞潔的需要，你有何信念？

4. 你們滿意在彼此的關係中在肉體上的界線和控制激情的方法嗎？

5. 你們曾否討論自己需要這方面的指引或界線？

6. 在你一生中，有關性的問題，你是否覺得需要神的赦免與恩典？

7. 你們作為一對情侶，是否需要為過往的輕舉妄動而認罪，並且尋求神的潔淨呢？

8. 若有需要，為了兩人關係的健康與穩定著想，你是否願意改變彼此身體接觸的程度？

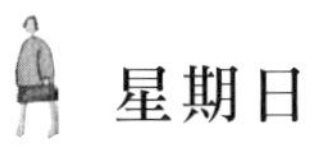

星期日

月　　日

講道筆記：

分享領受：

第九週

一切榮耀歸與聖父、聖子、聖靈。

聖靈照亮人心，打開肉眼前所未見之境。

——陶恕

惟有獨一的存有能夠
消除人心深處的疼痛，
那就是主耶穌基督。

——帕斯卡（Blaise Pascal）

從外施加的操練
若不配合內心的渴望
最後不免以失敗告終。

——楚特曼（Dawson Trotman）

星期一

能力的源頭

但聖靈降臨在你們身上，你們就必得著能力，並要在耶路撒冷、猶太全地，和撒馬利亞，直到地極，作我的見證。

——使徒行傳一章8節

在家刈草也是高尚的事情。當我還是個小男孩的時候，父親給我們兄弟買了一台凱瑪特（Kmart）的黃色刈草機。幾乎每個星期六我們把這台廉價金屬機器推來推去，把草地修剪成足球場那樣。在一九七八年搬到休斯頓（Houston）後，我們便不再刈草了。我們忙著追求女孩子、打籃球、努力念書從高校畢業，無暇去刈草了。

可是，十三年後，我租了一座兩層式舊房子，後院好像有加州那麼大。當草長有十五尺高時，我決定這是推行退休後保養院子計劃的時候了。我向住在一街之隔的叔父借來一台刈草機，我把這綠色重型「草坪小子」推來推去，直到任務完成。

兩個星期後，我又再次在整個院子裏一邊流汗，一邊推推拉拉這台「綠色怪物」，然後事情發生了。我嘗試把它回轉過來時，我的手從手把鬆脫，看來把它扭曲成兩截。突然，刈草機好像有意識般自行除草。我覺得自己像個白痴。十多年來沒有刈草，對於這件自行推進的珍品，我是一無所知的。我用儘自己的力量和努力，咬緊牙關，汗水像瀑布那樣從我的臉上傾瀉，而其實我只需要做的，是引導這台刈草機，由它完成所有工作。

諷刺得很，大家可從我的刈草經驗拾取屬靈的真理。實在很多時候，我們嘗試用個人努力與意志力來過基督徒的生活。我們每天流汗勞苦去愛同事，改掉愛找岔子的習慣，或去抵擋不停登門造訪的試探。我們的生活像要做完一切工作，卻忘掉神已經放在我們裏面的能力。

在耶穌釘死十字架及死後復活前，祂告訴追隨者自己快要離開他們。而祂升回到天家到父那裏後，耶穌差遣聖靈降臨到追隨祂的男男女女心中。聖靈會給予他們能力，超自然的能力去愛、去事奉、去接觸一個失落和垂死的世界。

如果你已經信靠耶穌基督，神的聖靈住在你裏面，會給你力量去過討神喜悅的生活。你不可能用個人力量去過虔誠的生活。你不可能靠著一己血汗而順服神的誡命。沒有聖靈的能力在你裏面流通，你是不可能愛你的鄰舍，更不要說你的敵人。大好的信息是聖靈確實住在你的心中，祂能夠給你能力去愛其他人、去對抗罪及樂意事奉神。羅馬書八章11節宣告，叫耶穌從死裏復活的力量同樣住在你裏面。多麼叫人難以置信！

停止靠自己推前拉後，取而代之，今天讓聖靈的力量透過你活出來。你向主說：「我不能靠自己過這樣的基督徒生活。今天我需要祢來活出這樣的生命。感謝祢把祢的靈放在我心裏。求祢現在加給我力量，使我熱切地活出尊崇祢的生命。」

● 進深默想經文

· 撒迦利亞書四章6節

· 以弗所書六章10節

· 約翰一書四章4節

用自己的言語來總結這天關於聖靈的靈修重點，在以下空白位置寫下你的想法、感覺或領受：

親愛的天父，我承認我靠自己的力量來嘗試過基督徒生活是徒然的。求祢教導我如何放手，讓在我們裏面的聖靈的力量管理我，好叫我的生命能尊貴、榮耀祢。阿們。

星期二

永不孤單

我要求父，父就另外賜給你們一位保惠師（或譯：訓慰師；下同），叫他永遠與你們同在，就是真理的聖靈，乃世人不能接受的；因為不見他，也不認識他。你們卻認識他，因他常與你們同在，也要在你們裏面。我不撇下你們為孤兒。

——約翰福音十四章16至18節

我有一個朋友曾是山上活動營地的導師。在他小屋裏的十一歲男孩們喜歡走到湖邊，接受從三十尺高跳進下面冰水的挑戰。營地有一項規則：你爬到頂點，就要跳下去！每逢夏天，起碼會有一個營友鼓起勇氣，爬樓梯上到平台頂，但在明白到與水面之間距離的高度後，卻怕得要命。

為了確保素質控制，營地有另一項附例：如果小孩不敢自己跳下去，他的導師會與他一起跳。麥基爾（McGuire）站在跳水台邊，因跳水高度而害怕。導師快速走上樓梯，叫麥基爾放鬆，因為他會與他一起跳下去。導師最終到達他的身旁，麥基爾顫抖不已。導師伸出手，握住麥基爾的手說：「數三下，然後我們一起跳。」這樣，數到三後，他們從跳台躍下，跳進深褐色的水中。這把麥基爾與導師連結起來的經驗是無價的。

在羅馬人釘死耶穌基督之前，門徒就好像麥基爾那樣顫抖懼怕。當耶穌告訴門徒，祂要離去，回到天父那裏，門徒打從心底害怕。他們肯定會這樣想：沒有祢，我們會怎麼樣？我們豈會知道怎麼辦？靠我們自己怎樣面對反對主的人呢？基督安慰他們說：「別擔心。我不會像遺棄孤兒那樣離開你們。我差派聖靈，藉著祂好叫你們與我同在。祂不僅伴著你們，如同我伴著你們那樣，祂也會住在你們裏面。」在另一段經文中，祂繼續說，祂離開是更好的，好叫祂可以差遣聖靈來。

縱然你可能與基督建立了個人關係，但你仍不時感到孤獨，可是你要確信自己永遠不會孤單。聖靈是保惠師，現在就與你同在，賜你今天所需的力量、勇氣和安慰。不管你是否覺得，神是與你同在的。或許，你害怕應付生命中的考驗，好像那些營友害怕高台跳水那樣。讓聖靈成為你的訓慰師，牽你手，賜你需要面對這些考驗的力量。

細讀在馬太福音二十八章20節這鼓舞人心的經文：「我就常與你們同在，直到世界的末了。」這是多麼叫人不可置信的應許！你相信嗎？若你靠著聖靈的能力，相信神的話語，並且堅信祂伴你左右、內住你心的應許，試想這天有甚麼可預留給你。當你接受神真的與你同在的事實，祂便賜你勇氣去面對人生中最大的恐懼，使你可從人生中任何考驗你的高台上躍下。

● 進深默想經文

- 以賽亞書四十一章10節
- 約翰福音十六章7節
- 約翰一書四章13節

用自己的言語來總結這天關於聖靈的靈修重點，在以下空白位置寫下你的想法、感覺或領受：

神啊，我感謝祢賜下聖靈來安慰我們，引導我們。求祢幫助我改變每一日的生活，因我時常記得祢每天臨到我的生命中。阿們。

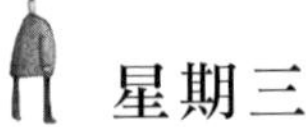 **星期三**

誰在聚光燈下？

只等真理的聖靈來了，他要引導你們明白（原文是進入）一切的真理；因為他不是憑自己說的，乃是把他所聽見的都說出來，並要把將來的事告訴你們。他要榮耀我，因為他要將受於我的告訴你們。

——約翰福音十六章13至14節

多年來，我服事的教會安放一株佳節觀賞的「高歌聖誕樹」。這株會唱歌的聖誕樹有三十尺高，鋼筋構造，形同美麗的萬年青。樹上佈滿六十個穿著像《星空奇遇記》（*Star Trek*）般的鮮紅領銀袍的詩班成員，他們喜樂歡唱基督教的聖誕歌曲。

有一個聖誕節，滿頭銀絲的天娜（Tina）本來是安排唱某一部分的，但是負責燈光的人這一夜錯把燈光投放在比天娜低兩行的芭芭拉（Barbara；另一個白髮的女士）身上。好一陣子，觀眾看到的只是沐浴在聚光燈下的芭芭拉，同時從廣播器傳來一把不知道是誰的聲音。

過了一分鐘多，芭芭拉明白到發生了甚麼事情，於是開始張開口配合歌聲裝作唱。這個晚上，聚光燈控制員犯了一個真正的錯誤。他把燈光投到錯誤的人身上。聚光燈是用來突出話劇的明星或音樂劇主角，而不是扮演配角的人。

巴刻（J. I. Packer）在《活在聖靈中》（*Keep In Step With The Spirit*）把聖靈的工作比作聚光燈：「聖靈給我們的信息絕不是：『看我，聽我，來吧，來認識我』，祂總是這樣：『看祂，看祂的榮耀，聽祂，聽祂的話，去到祂那裏得著生命，去認識祂，嘗祂喜樂平安的恩典』……祂的工作是與耶穌有關的泛光燈似的事工，在我們屬靈的眼睛前，使燈光聚焦在耶穌的榮耀之上，也把我們與祂連結起來。」（編按：按引文重譯）聖靈榮耀耶穌基督，而不是要榮耀自己。

當你回頭看當日你相信耶穌基督為你的主及救主時，你現在明白到，聖靈把掛在你眼前的簾幕拉開，叫你能夠看到基督是叫我們領受赦免、與神復和的惟一希望。聖靈突顯耶穌基督的工作。祂打開我們失明的雙目，使我們看到相比基督的完美，我們是多麼的壞。祂向我們顯示，惟有相信基督才能夠從毀滅與絕望中得拯救。在我們決志信主後，聖靈日夜也叫我們感受到基督的同在。沒有聖靈的工作，你我沒法認識到與伴侶或與神在靈裏親密中的能力。

很多時候，聖靈在你生命中動工，而你是懵然不知的。別搞錯，如果聖靈在你的生命中動工，祂總是對你指向耶穌，而不是指向你自己或你的成就。別忘記，基督教信仰的象徵是十字架，三位一體的第三位格總是突顯十字架上基督的救贖工作。求聖靈今日讓你看到這真理的真實，讓主耶穌的同在充滿你整個人。

● **進深默想經文**

· 以西結書三十六章26至27節

· 約翰福音十五章26節

· 約翰一書五章6至8節

用自己的言語來總結這天關於聖靈的靈修重點，在以下空白位置寫下你的想法、感覺或領受：

親愛的主，我感謝聖靈在我生命中的工作，縱使我經常忽略祢與我同在的真理。幫助我常常看到聖靈指向耶穌基督的道路和工作。阿們。

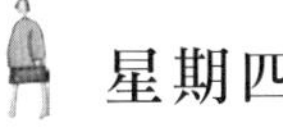

星期四

恩典的靈

他對我說：「我的恩典夠你用的，因為我的能力是在人的軟弱上顯得完全。」所以，我更喜歡誇自己的軟弱，好叫基督的能力覆庇我。

——哥林多後書十二章9節

生長在傳道人的家庭，我享有特權接觸到許多與別不同的人。在我念小學的時候，納粹集中營的其中一位倖存者彭柯麗（Corrie ten Boom）在一次主日崇拜後，來到我們家吃午飯。有人曾經問彭柯麗如何經歷希特拉的屠殺營中的恐怖與折磨而仍然生存，她這樣回應：「我在荷蘭還是個小女孩時，火車是基本的運輸工具。如果我要去阿姆斯特丹（Amsterdam），父親會預早幾個星期買車票。可是，他要等到啟程那天才給我車票，無非是怕我丟失了它。」她解釋神如何在她被囚禁的日子作同樣的事情；祂給她力量，剛好應付那特別的日子、那特別的挑戰。同樣，幾千年前，以色列人滯留在沙漠時，神從天降下嗎哪成為他們每天的食糧。他們不能儲起嗎哪，否則，它會發臭，因此他們只好仰望神每天的供應。

同一位神，向沙漠中的以色列人供應食物，又向囹圄中的彭柯麗賜下勇氣，祂也同樣供應你我一切，實在是妙不可言。在今天的經文裏，保羅求神挪開使他痛苦難熬的神祕「肉體的刺」後，他要數算神的回應。保羅向神祈禱三次要除去他的刺。你曾問過神多少次，要挪開困難的處境或拿走極難忍受的痛苦？耶穌這樣回答保羅的禱告：「看，我不會挪開這刺，不過我會藉著聖靈加給你能力，好叫其他人透過你的軟弱看到我神聖權能的閃耀。」神應許保羅，賜予聖靈那全備全能的恩典給他。

或許，你的生命中有軟弱的地方，是希望神挪開的。或者，這是難熬的家庭生活，過去造成的情緒創傷，別人因誤解你信仰的揶揄，或只是要面對工作或學習中忙碌一週的壓力。神不一定從緊張的局面中拉你出來，或快快挪走你身體的痛苦，但是祂應許你，賜下聖靈的恩典，在你需要的時候足夠你用。

在你望看未來及嘗試預視人生可能經歷的試煉與苦難時，這很容易把你壓得透不過氣來。你會在哪裏找到力量來忍受？你會如何面對痛苦？你怎樣會曉得自己要做甚麼？神答應你每天賜下恩典。你軟弱，祂剛強。求神幫助你今天接受這份應許。求神在耶穌基督裏滿足你的一切需要。祈求祂的大能透過你的軟弱照亮。別擔心明日的人生旅程。在你有需要的時候，祂會給你恩典作車票。

● 進深默想經文

· 詩篇八十四篇11節

· 腓立比書四章19節

· 希伯來書四章15至16節

用自己的言語來總結這天關於聖靈的靈修重點，在以下空白位置寫下你的想法、感覺或領受：

親愛的神，當每天新挑戰來到的時候，求祢幫助我記得祢每天的恩典。我祈求在每一個試煉中，聖靈的恩典藉著我的軟弱發亮，為祢帶來榮耀。阿們。

星期五

充滿聖靈的生活

不要醉酒，酒能使人放蕩；乃要被聖靈充滿。

——以弗所書五章18節

多個世紀以來，喝酒都是基督徒羣體中存有爭議的問題。有些人覺得喝酒是一種罪，因為喝酒會絆倒其他人，也可能使人酗酒。誰在生命中不曾被濫用酒精的朋友或家人所影響？其他人則認為只要保持負責任的態度，喝酒是沒有問題的。

無論你在這問題上的立場是甚麼，聖經清楚指出醉酒——是錯的。稍頓。在這一節經文中，保羅是比較酒精與聖靈的影響。

一些喝醉的人會失控，經常不曉得自己說甚麼或做甚麼。他被另一種物質所影響。當你充滿聖靈，你受到祂的影響，結果是不同的。若你充滿聖靈，你便會實踐自我節制、愛別人及憐憫別人。

在這一段經文中，神給我們兩項誡命：「別喝醉」和「充滿聖靈」。其實，最後的誡命是：「不停地充滿聖靈。」換句話說，充滿聖靈不是體驗一次的經驗。所以，充滿聖靈是甚麼意思呢？這會是怎麼樣的呢？你會感覺如何呢？

充滿聖靈不是三步曲的簡易方程式。它不是你看到屬靈儀器板的低燃料燈閃亮，於是跑到附近油站停下來，把高級神聖燃油盛滿油箱。故此，我們嘗試描述這種經驗，而不是指定某一條方程式。當你充滿聖靈的時候，你會感受到神的感受，你渴望神所渴望的事情。當你充滿聖靈的時候，你會像神愛人那樣去愛人，你會像神服事人那樣去服事人。當你每天倚靠聖靈生活，你會打從心底歌頌神，為一切事物感謝天父。當你充滿聖靈的時候，為了基督你會謙卑自己來服事其他人。

你可以怎樣經歷聖靈充滿？求神吧。聖經說，我們得不到，因為我們沒有祈求。但是要小心。你肯定自己想被充滿嗎？你真的渴望被他者所影響？你真的想交出控制權？如果你認識基督，你會嚮往自己被聖靈充滿。

求神每天以聖靈充滿你，祈禱說：「我今天需要祢。我需要祢的力量、大能、安慰。沒有祢，我是不行的。讓聖靈充滿我。今天在我必須作的一切決定上引導我。幫助我遠離生命中叫祢的名字蒙羞及使我消沉的事情。感謝祢重新感動我。奉主名求。阿們。」現在，走出去，在神寶貴的聖靈感動下生活吧。

● 進深默想經文

· 使徒行傳一章8節

· 哥林多前書三章16節

· 加拉太書五章16至25節

用自己的言語來總結這天關於聖靈的靈修重點，在以下空白位置寫下你的想法、感覺或領受：

天父，我不論今天、每天都需要祢的力量、大能和安慰。沒有祢，我是不行的。讓聖靈充滿我。今天在我必須作的一切決定上引導我。幫助我遠離生命中叫祢的名字蒙羞的事情。阿們。

祈禱

親愛的神：

今天我藉著祢透過耶穌基督給我的恩典，來到祢面前。沒有基督，我不認識祢，我永遠不能得到完全赦免我的保證。感謝祢，祢在寶座上滿有恩典，並不根據人的行為。

主啊，祢應許我們，祢永遠不會離開我們或離棄我們，藉著聖靈內住的大能，我知道祢是與我同在。有多少次我靠自己的力量來過基督徒生活，只有直挺挺地臉朝向地跌倒？我謙卑地感謝祢從人行道上把我撿回來，再次向我彰顯誰是生命力的源頭。祢差遣聖靈住在我裏面，引導我明白一切真理。祢差遣聖靈突顯耶穌的工作，使我順服祂的公義。

聖靈，我每天每秒都需要祢。結出祢的果子：仁愛、喜樂、和平、忍耐、恩慈、良善、信實、溫柔與節制。叫我充滿祢的大能和神聖的力量，跟隨神在我生命的旨意。感謝祢叫我在犯罪的時候悔悟，使我時常知道基督與我同在。

奉主耶穌的名字祈求。阿們。

禱告札記

讚美敬拜：

認罪悔改：

感謝：

祈求：

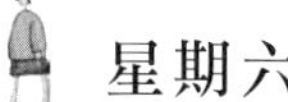
星期六

聖靈的根基

今天我們邀請你和伴侶找一個舒適平靜的地方，來討論聖靈的能力。謹記你們的目的是提出問題，以憐憫的心傾聽，互相分享體悟本週題目的經驗。這不是辯論或爭辯神學觀點的時候。以彼此支持與鼓勵的精神來尋求明白對方。最終，這次勇敢的相聚是希望你們二人建立靈裏親密更堅固的根基。

在基督教的多個主題中，聖靈是一個很容易引起誤會的題目。因為祂經常被忽略，一些人把聖靈當作三位一體的繼子。誠然，聖靈的角色對信徒的生命來說是相當重要的。過去一週，我們思想到聖靈是神自己的其中一個位格，也是神的臨在。在基督死後復活升天後，聖靈降臨替代主在地上的工作。我們鼓勵你思想聖靈的一些職責：訓慰師、保惠師、中介者、能力源頭及其他。最重要的是，你已經明白到，祂的基本角色是指向基督，好像話劇裏把聚光燈投到主角身上那樣。

● 討論問題：

1. 你關於聖靈的經驗是怎樣的？在成長過程中，你對祂的角色與職責有足夠認識嗎？

2. 能否跟伴侶分享你曾強烈感到聖靈同在的時刻呢？也許，當時在困難的情況下你感到真正的平安、安慰或勇氣。討論這個你感到祂在你生命中動工的特別時刻。

3. 你怎樣詮釋「不停充滿」神的靈？你會怎樣為自己解釋這個過程？

4. 你對「聚光燈」的比喻有甚麼回應呢？

5. 你的伴侶可以怎樣幫助你更意識到聖靈的同在與職責？

6. 有關本週題目，你還有甚麼可以跟伴侶分享呢？

星期日

月　　日

講道筆記：

分享領受：

讀者意見表

緊扣時代 服事教會

以文字傳揚基督真道

衷心多謝你購買本社書籍。本社一直致力以出版事工服事教會，幫助信徒扎根於神的話語，促進靈命增長。為使我們的出版更能滿足你的需要，請填寫下列各項資料，並寄回或傳真予本社。

所購書籍：________

本書最吸引你的地方：
□作者 □適切性 □文筆 □設計 □實用性
□其他：________

購買本書地點：
□基道書樓 □基督教書店 □非基督教書店

性別：□男 □女 職業：________

信仰：□基督徒 □非基督徒

年齡：□ 16 歲或以下 □ 17～25 歲 □ 26～35 歲
□ 36～55 歲 □ 56 歲或以上

學歷：□中三或以下 □中五 □預科
□大學 □研究院

□我欲更多了解基道出版社的事工及考慮支持，請寄給我下列資料：
□機構簡介 □新書資料 □基道會員通訊
□《基道文字事工通訊》

姓名：________ 電話：________

地址：________

____

傳真：________ 電子郵件：________

其他意見：________

____

多謝賜教！

基道出版社

意見表可以傳真（2687-0281）或直接郵寄以下地址：
香港沙田火炭坳背灣街26號富騰工業中心1011室
基道出版社編輯部收